레테의 강

이 도서의 국립중앙도서관 출판예정도서목록(CIP)은 서지정보유통지원시스템 홈페이지(http://seoji.nl.go.kr)와 국가자료종합목록 구축시스템(http://kolis-net.nl.go.kr)에서 이용하실 수 있습니다. (CIP제어번호 : CIP2019037413)

우리시대의 수필작가선 054

레테의 강

임윤교 수필집

수필세계사

작가의 말

미강媚江의 본류

　옥돌 '미媚'에 큰 내 '강江', '미강'이라는 호를 예전에 받았다. '강물 속에 아른거려 보일 듯 말 듯한 옥돌'이라는 의미였다. 세상에 드러나지 못한 숨은 옥이라 부끄럽기도 했지만 내심 흐뭇했다. '옥'이라는 어휘에 전율을 느끼면서 어깨가 무거워졌다. 갈고 닦으면 반짝거릴 수 있으려니 하며 마음을 다잡았다.
　핑계 없는 무덤이 없다고 할지 모르겠으나 세월의 탁류에 휩쓸리고 보니 할 수 있는 게 그다지 없었다. 오히려 형편없는 돌이 되어 물살에 구르며 어지럼을 탔다. 차돌이라면 다행이었다. 퍼석하여 부서져 떠내려 가는 돌이 되었다. 만慢이 가득 들어차 할 말이 많아졌다. 우습게도 그런 삿된 생각은 지금도 나를 따라다니고 있다. 큰 누름돌 하나 가슴께로 올려놓고 곰삭기를 기다리다 긴 세월이 지났다.
　가슴에 황량한 바람이 지나간다. 호는 그 후로 아무런 의미가 없다. 누구도 알지 못했고, 불러주는 이도 없다. 이제는 물속에 가라앉아 보이지 않는 돌이다. 책상위에서 옥으로 만든 낙관과 도장이 든 함이 나를 올려다 보고 있다. 가끔 함을 열어보면 그때의 두근거림이 떠오르지만 애써 모른척한다. 음각과 양각으로 새겨진 묵직한 낙관과 두인을 보면 내 마음도 따라 무거워진다. 종이에 보란 듯이 꾹꾹 눌러 보고 싶지만 부질없는 짓임을 안다.

  해남의 옥돌은 연한 잿빛에 흰 물결 무늬가 들어가 있다. 어쩐지 귀한 느낌이 든다. 정성껏 이름을 새겨준 분과 호를 지어준 선생님한테도 미안한 마음이 들어 속이 편치 않다.

  허송세월만 할 것이 아니라 하나라도 끈을 잇고 싶었다. 나의 나태함을 책망하기라도 하듯 십오 년이 넘도록 계간지를 보내주신 문인이 계셨다. 문단의 동향과 흐름을 파악하면서 열등감에 시달리기도 했다. 지금 아니면 영영 붙들지 못하겠다는 생각을 했다. 그 문인을 통해 폐색이 짙은 혈관에 신선한 수혈을 받으면서 가슴에 숯불을 피워댔다. 숯검댕이가 되어도 미흡한 내 실력 탓에 절창은 나오지 않았다. 지도해 주신 홍억선 선생님께 감사한 마음을 올린다. 훗날 연기에 질식해 있든가 아니면 적당히 훈제되어 익어있을 나를 기다리면서. 부끄러운 글이라 수필이 아닌 소설 속의 인물로 숨고 싶었다. 그러나 물줄기의 근원은 언제나 가는 실타래로 시작되기에 용기를 내어 세상 밖으로 흘려보낸다.

2019년 10월에

임 윤 교

차례

작가의 말

1

13 　해오름의 강가
16 　레테의 강
21 　봄의 단상
25 　비밀스러운 밭
29 　산길을 걸으며
33 　나만의 수장고
37 　가창산담
42 　소확행
46 　초롱박 그늘아래
50 　별
55 　나야 나

2

수필산방　61
부쳐 봄직한 편지　66
사량　70
하사미리 가는 길　75
슬픈 옥이　79
엄마꽃　84
껍데기를 위한 연가　89
엄마의 생　93
자수　98
민들레의 기도　103
가마소　107

3

113   꽃

117   부레옥잠

120   자화상 소묘

125   살아있는 화석

130   숲

135   바람

139   소나무

143   참꽃

148   헷갈림

152   증편

155   매듭

160   모시

4

마음 속의 집	165
풍금	170
눈물방울	174
주상절리를 품다	178
폐사지	182
절명여	186
외씨 버선	189
고향	193
느림에 대하여	197
모시옷 이야기	202
납월회일	205
해설 / 강돈묵	210

1

해오름의 강가에는 청정한 아침 햇살이 물안개를 밀어내고 있다. 긴 휴식에서 깨어나 몸을 움직여 다시 하루를 연다. 어제 꿈 꾸었던 미래가 오늘이기에 열심히 살아갈 것이다. 강 기슭에 매어둔 작은 배를 타고 호젓이 시간을 노 저어 간다. - 해오름 강가

- 해오름의 강가
- 레테의 강
- 봄의 단상
- 비밀스러운 밭
- 산길을 걸으며
- 나만의 수장고
- 가창산담
- 소확행
- 초롱박 그늘아래
- 별
- 나야 나

해오름의 강가

아침이면 제일 먼저 듣는 음악이 있다. 가야금과 바이올린과 피아노가 어우러져 연주되는 명상곡 '해오름의 강가'이다. 전통악기와 현대악기가 잘 조화되어 듣는 이로 하여금 여운을 갖게 한다.

산골 고즈넉한 공간에서 이 음악을 처음 듣는 순간 평화롭다는 생각이 들었다. 신비하고 아름다운 음률을 지나칠 수 없어 곡명을 물었다. 놀랍게도 국악 명상곡인데 가톨릭 음대생들이 연주한 곡이었다. 카톨릭 센터를 찾아가 그 음반을 구해 지금 열심히 듣고 있다.

이 곡을 듣고 있으면 슬픔에 젖어들다가도 미소가 번지고 서글퍼지다가도 신명이 난다. 섬세하면서도 웅장하고 애잔하면서도 깊이가 있다. 특히 가야금 소리는 무아지경에 빠져들게 하는데 마치 구름 위를 걷는 듯한 느낌을 준다.

하루의 빗장을 여는 아침, 가만히 눈을 감고 앉는다. 물안개 피어오르는 강가를 연상하며 곡을 듣는다. 동쪽에서 햇살이 붉게 비치면 새 아침을 떨리는 가슴으로 맞을 수 있어 감사하다. 음악은 깊은 성찰과 기도에 근접하도록 내 영혼을 변모시킨다. 그리고 오늘도 소중한 하루를 성실히 보낼 것을 다짐하게 한다.

세상은 조화로움 속에 성장 발전한다. 해오름의 강가를 좋아하는 이유도 조화로움 때문이다. 동서양 악기의 어우러짐이 좋다. 단조로운 하나의 악기로 연주했다면 감흥은 적었을 것이다. 우연찮게 곡을 듣고 생활의 일부가 되기까지는 특별한 영감이 작용했을 수 밖에 없다.

오케스트라의 협연은 보다 더 장엄하고 웅장하다. 단원 한 사람, 한 사람의 소리들이 모여 아름다운 하모니를 이룬다. 연습으로 다져진 기교와 감성을 더하여 책임진 부분을 연주한다. 소리의 접목은 오묘하게 들려와 듣는 이를 빠져들게 한다. 어쩌다 아트 홀에서 열리는 모닝 콘서트에 짬을 내어 간다. 각다분한 삶을 살다가 잠시 시름을 내려 놓고서 귀 호강을 하는 시간이다.

해오름의 강가를 들으면 하루를 기도로 시작하는 것 같다. 차분하게 우리에게 다가오는 시간과 조우하면서 마음을 하나로 모으게 된다. 때로는 겸허한 마음으로 살 것을 종용하는 듯한 느낌도 받는다.

악기마다의 아름다운 선율들이 물결을 이루어 출렁이며 다가

온다. 그러면 하루를 시작하는 강박감에서 벗어나 어느새 숨결을 고르고 마음을 가다듬게 된다. 어디서 무엇으로 이런 평화를 누릴 수 있을까.

아직 가보지 않은 길을 가려 할 때 두려움이 앞선다. 세상을 오래 살았어도 미지의 세계는 용기를 내게 주문하고 있다. 주저앉지 말자고 매번 스스로 다짐을 한다. 귓전에 맴도는 음률들이 기도의 말이 되어 힘을 실어 주고 있다. 참으로 곡조 있는 기도가 찬양성가인 것을 새삼 깨닫는다.

해오름의 강가에는 청정한 아침 햇살이 물안개를 밀어내고 있다. 긴 휴식에서 깨어나 몸을 움직여 다시 하루를 연다. 어제 꿈꾸었던 미래가 오늘이기에 열심히 살아갈 것이다. 강 기슭에 매어둔 작은 배를 타고 호젓이 시간을 노 저어 간다.

레테의 강

　　　　　산사 초입, 소나무 향기가 사방에서 풍긴다. 낯익은 풍경들이 듬성듬성한 나무사이로 보이기 시작한다. 솔바람을 타고 온 기억의 잔재들이 조금씩 꿈틀대며 시간을 더듬고 있다. 산봉우리에는 바위너설의 뾰족한 성깔이 여전하다. 산비탈 아래로 보이는 강물은 예전이나 지금이나 유장히 흐르고만 있다.

　오래 전, 이 강물에 습작노트를 던져 넣은 적이 있었다. 노트에는 넘쳐나는 심장의 마그마로 가득 찼지만 그것은 감상에 젖은 배설물과 다름없었다. 중심 없는 문맥들이 속절없이 수장되고 지리멸렬했던 청춘의 한 정점도 떠내려가고 말았다. 강물은 그러거나 말거나 잘도 흘러갔다. 파란을 일으키며 앞서거니 뒤서거니 무심히 흘러가버렸다.

　습작노트를 버리고난 뒤 홀가분할 줄 알았는데 전혀 그게 아니었다. 마음 저 밑바닥에서 줄곧 신호를 보내오는 것이 있었기 때문이다. 보글거리며 올라오는 물방울의 신호를 그냥 지나쳐 버렸다. 목은 가시가 걸린 듯 편치 않았다.

마음에서 글이 소생치 못하게 빗장을 지르고 지냈다. 강물에 넣은 노트 글씨가 희미해질 만큼의 시간이 지나갔다. 레테의 강, 신화 속에서는 그 강물을 마시면 기억을 모두 잃는다고 했다. 그러나 그 망각의 강을 건넜어도 다시금 기억의 습작들이 살아나고 있어 이상했다.

차츰 백지를 보면 마음이 설레기 시작했다. 첫눈을 보는 것 같은 환호가 일고 낙관을 찍듯 흔적을 남기고 싶었다. 연어의 본능처럼 나도 모태의 강을 남루해지도록 거슬러와 내면을 표출해 보고 싶었다.

가슴 답답한 날은 백지를 펴놓고 오래도록 앉아 있다. 느슨해진 마음의 틈새로 스멀스멀 문장들이 연기처럼 새어나온다. 정제되지 않은 미완의 글들이 혼란스럽지만 다시금 글 이랑을 갈아엎으며 용을 쓴다. 삐죽 나온 잡초도 뽑고, 잔돌도 걷어내며 딱딱한 글밭을 고르는 것이다.

긴 고랑은 아득하여 무릎도 아프고 힘에 부치기도 한다. 오금이 저려오고 손목도 아파와 털썩 주저앉아 시름에 젖기도 한다. 호미를 슬며시 놓고 새소리도 듣고 이름 모를 풀꽃에게 시선을 돌리며 딴전을 피운다. 고지는 멀고 치열한 육박전을 하다가 잠시 휴전하는 군인이 되는 격이다. 그것은 장기전으로 가는 길임에 틀림없어 온몸의 에너지를 다 소진해야 한다.

사물을 있는 그대로 보지 않고 다른 각도로 보려하는 습성이 내게 있다. 무엇을 쳐다보고 깊이 몰두하다가 글감이 될 진전이 없을 때는 툭툭 먼지 털 듯 털어버린다. 책장을 덮어버리듯 잠시 비껴 나와 버리는 것이다. 잊은 듯 도외시하지만 정작 불씨를 지피려는 의도가 내면에 짐짓 숨어 있다. 여러 제목과 온갖 어휘들이 포물선을 그리며 혼선을 거듭하기에 숨을 고르고 있음이다.

술술 문맥이 살아나 잰걸음으로 내달릴 때가 간혹 있다. 제 딴엔 밤새워 쓰고 들뜬 아침을 맞지만 허사일 때가 많다. 자만에 빠지기도 하지만 다시 보면 얼굴 붉힐 일이 하나 둘이 아니기에 자구字句를 되풀이해 손보는 것이다.

어떤 글이 좋은 글인지 요즘 들어 부쩍 고민한다. 탐탁치 않은 글들이 오래 묵어 곰팡내가 난다. 꾸깃꾸깃 접어 미련 없이 버리기도 하고 볕 좋은 날, 빨래를 널 듯 묵은 글을 널어 보기도 한다. 그것은 글벗들에게 일침을 구하는 일이기도 하다. 거풍을 시키면 잡냄새가 날아가 문장이 산뜻해질지, 그래서 문향으로 이어질지 두고 볼 일이다.

글을 쓰다 버린 종이로 배를 접는다. 서랍 속에 차곡차곡 재워두다 어느 날 넓은 세상으로 가보라며 하나둘 강물에 띄워 보낸다. 기착지가 어디가 될지 종이배의 향배가 궁금해진다.

'구상'시인은 '그리스도 폴의 강'에서 이렇게 읊었다.

내가 이 강에다 종이배처럼 띄워 보내는

이 그리움과 염원은 그 어디서도 만날 것이다.

그 어느 때고 이루어질 것이다.

 진실한 염원은 꼭 이루어진다는 뜻 같다. 강물에 노트를 띄울 때도 그랬다. 비워냄으로 다시 새롭게 고여 드는 그 무언가를 확인하고 싶었던 것이다.

 살면서 소중한 것을 떠나보낼 경우가 많다. 이별 뒤에 오는 허전함과 아픔에 힘들어 하면서 애써 망각한다는 것은, 어쩌면 절실하게 붙잡고 싶은 것일 수 있다. 레테의 강은 내게 있어 그런 의미이다. 망각 그 이후로도 되살아나는 기억의 진실을 거부할 수 없다.

 다시 글을 가까이 하고 있다는 것이 믿기지 않는다. 번복을 거듭해 결국 같은 자리로 돌아온 것이다. 세상을 보는 눈빛은 달라졌지만 부디 사려 깊은 눈매 하나쯤은 지니고 싶다.

 강물은 지금도 유유히 흐른다. 그 강물이 어제의 물이 아니듯 오늘의 나도 다른 모습으로 변모했다. 공백의 시간은 나를 왜소하게 만들었지만 심도 있게는 했을 거라 믿는다.

 예전의 그 종이배는 이미 대해에 도달했을 것이다. 강물과 함께 낮은 곳으로 흐르다 부딪치며 험난한 여정을 거쳤을 것이다. 우매함으로 인하여 세상을 절름거리며 살아온 나, 다시는 레테의 강물 앞에 서지 않으리라 다짐하고 있다. 온갖 혼탁함을 다 받아들인 강물이 자정작용을 거쳐 맑은 물이 되어 우리에게 길을 가르치고 있다. 그 물길이 인생길이라 할 수 있으며 작가의 길일 수도 있다.

봄의 단상

　　　　나목에 꽃눈이 볼록하니 자리 잡고 있습니다. 나무가 수액을 올리는 수고로움 뒤, 환희의 순간을 기대하는 봄입니다.
　꽃잎 여는 소리가 시간차로 들려 환호할 무렵이었습니다. 나비가 꽃에 앉아 날개를 접으려할 때였지요. 벌이 꽃술에 앉아 화분을 채집할 그즈음, 그대는 돌연 떠나시려 합니다. 봄을 노래하지도 못한 채, 소리 없이 가려 합니다.
　그대가 오실 때는 이랬습니다. 시선조차 마땅찮아 땅만 보고 있었지요. 아지랑이 아롱거려 미열이 났습니다. 그대의 실존으로 가슴 따뜻했지요. 예전에 어디선가 본 것처럼 정다웠습니다. 오랜만의 휴식처럼 편하고 살갑더니 인연이 그뿐인가 떠나려 합니다.
　사월에 폭설이 내렸습니다. 이대로 눈 속에 갇혀있고 싶습니다. 그러나 겉으로는 이별이 아무렇지도 않는 것처럼 옷에 묻은 눈만 털어 냈습니다. 우리도 서로를 당연한 것처럼 털어내야 했습니다. 도린곁에서 잠시 세상을 등진 채 쉬고 싶었습니다. 그날의 정황은 두서가 없고 정신만 아득했지요.

고슴도치도 제 자식은 예쁘다고 합니다. 부모님들이 자기 자식을 제일로 여기는 줄 알고는 있었지요. 우리는 각자의 심미안을 자책할 수 밖에요.

어둠이 깔린 눈길은 위험하기 짝이 없었습니다. 나의 미래와 암암해할 일상들이 눈에 선했습니다. 오기로 입을 앙다물고 내려 왔습니다만 실상은 휘청거리고 있었지요.

민물과 바닷물이 만나는 지점의 둔치에 섰습니다. 보름달이 훤히 보였습니다. 아까 산길을 빠져 나올 때는 달이 떴음을 인식 못했습니다.

세상의 물들이 흐르다 흐르다 모인 곳에 내가 서있습니다. 은파銀波 부서지는 바다를 보고 있습니다. 침묵이 지나간 자리에는 정적만 깔려 있었지요.

예정된 수순을 밟기까지 꽃샘바람 하 매서워 몸살을 앓았습니다, 그리움의 열꽃이 피었다 지고 있습니다.

사람들은 꿈을 피우기까지 작은 소망 하나 붙잡고 긴 터널을 지납니다. 남모르는 고통과 노력과 헌신이 살을 에는 겨울과 대비됩니다. 그냥 주어지는 게 없는 우리네 삶은 차라리 냉정한 현실입니다. 아름다움도 인내를 거쳐야 옴을 압니다. 그리고 영원하지 않기에 더 아름답습니다. 꽃도 잠깐 피어 아쉽기 때문에 그렇습니다.

아프리카에는 항상 꽃이 핀다지요. 계절에 상관없이 항상 그 꽃이 그 꽃이랍니다. 인간은 그 시점에서 더는 아름답다는 생각을 덜하게 되지요. 흔해서 귀함을 모르는 오만을 낳게 됩니다. 거저 주어진다고 감사를 모르면 안 되는 건데 말입니다.

봄꽃은 긴장을 놓지 못합니다. 때 아닌 추위에 민감해 합니다. 나목의 잎사귀가 무성하기 전에 자신의 꽃을 피우려 합니다. 숲이 무성해지면 자기 모습이 가려지니까요. 살아 숨쉬는 모든 것들은 본연의 모습을 나타내기 원하는 듯합니다. 봄은 봄다워야 하고 나는 나다워야 함이 본연의 모습일 것입니다. 사계절이 뚜렷했지만 요즘은 그렇지도 않습니다. 봄은 짤막해지고 여름이 길어졌지요.

근자에 나다워지는 게 무얼까 생각하면서 고민하게 됩니다. 나만의 색깔과 더불어 정체성까지 모호하기 짝이 없습니다. 좀 더 나다움에 관하여 파고 든다면 행복만 추구한 이기적인 인물을 보게 됩니다. 고움이 겉으로 드러난 것이 다인 줄 한때는 여겼지요. 여름이 있어야 가을이 오고, 겨울을 지내야 새봄이 옴을 진정으로 깨닫지 못했어요. 그래서 줄곧 봄, 봄만 구가하고 온 셈이 됐지만요. 아직 계절의 원리를 해득 못하고 있는 이런 나를 매양 꾸짖어 봅니다.

후미진 인생의 뒤안길에서 그때를 떠올려 봅니다. 그런 시절이 있었구나 하며 입가에 미소가 번집니다. 수십 번의 봄을 보낸 지금은 덤덤합니다. 봄꽃이 피어나도 예사로이 그러려니 합니다. 순수한 마음과 감성과 열정들은 어디로 가버렸는지 외려 스스로 놀라고 맙니다.

이른 봄, 노란 산수유가 구름인 듯 피거든, 그 시절을 추억하는 나의 신열이라 여겨 주십시오. 열꽃으로 번지지 않도록 마음 문을 단속하렵니다. 산수유, 그 독특한 봄의 전령사는 꽃을 떨구고도 문양 고운 잎을 달고 있다가 가을에 떨구어버리죠. 하지만 빨갛게 아린 열매는 한겨울까지 등불처럼 달고 있답니다. 새봄이 올 때까지 쪼글쪼글해진 모습으로 기어이 매달려 있지요.

산수유 열매는 약재로 씁니다. 시련을 거친 나무의 열매는 약이 될 수밖에 없지요. 삶도 늘 봄만 아니 듯 인내를 거쳐 연단鍊鍛이 따른 뒤에야 소망을 가지게 됩니다.

선물같이 주어지는 하루를 맞습니다. 다시 희망을 가져 봅니다. 인간의 본능은 그래도 행복을 넘보며 서성거리고 있으니까요. 짧은 봄을 보내야 할 때가 됐습니다. 짧은 인연의 당신도. 봄도 이젠 가뭇없이 에돌다 갈 테지요.

비밀스러운 밭

　　　　산기슭 밭에서 멧돼지와 신경전을 벌이고 있다. 벌써 네 차례나 다녀갔다. 처음 밭을 산 그해 가을, 멧돼지가 내려와 고구마 밭을 뒤졌다. 허탈해진 마음을 추스려 그물망을 설치하고 철조망을 여러 겹 둘렀다.

　며칠 전, 가뭄 걱정을 하며 차를 몰고 오던 중에 밭을 내려다보니 여기저기 흙이 패여 있었다. 직감으로 멧돼지 소행임을 알아차렸다. 몇 년 동안 잠잠하더니 마구 헤집어 놓은 것을 보니 맥이 풀렸다. 마른 덩굴을 걷어내며 전쟁을 선포했다.

　처음부터 이 밭은 문제투성이였다. 남편이 경매공부를 해보겠다며 대학평생교육원에 다니다가 부동산업을 하는 사람의 말을 듣고 선뜻 계약한 것이다. 일을 다 저질러 놓고 내게는 비밀로 했다.

　봄이 되자 농사는 지어야 했기에 슬며시 밭 이야기를 하는데 괘씸하기 짝이 없었다. 아무리 그렇다고 의논도 없이 계약했는가 싶어 화가 났다. 어디에 있는지 가보기나 하자고 트럭에 올랐다. 교외를 벗어나 북면 어느 동네 초입을 지나 좁다란 산길로 마냥 들어가는 것이었다. 좁고 비탈진 산길은 어느새 오솔길로 변해 하늘도 안보였다.

시멘트 포장이 끝나고 비포장 길이 시작됐다. 그때부터 역한 냄새와 개 짖는 소리가 들리는데 정신이 혼미해졌다. 개는 한두 마리가 아니고 수십 마리였다. 악취 때문에 숨을 쉴 수가 없었다. 아래에는 우사가 보였는데 소도 몇 십 마리쯤 키우는 것 같았다. 파리, 모기는 왜그리 많은지. 참았던 인내심이 한꺼번에 폭발했다. 경제관념이 없어도 이럴 수가 있나 싶었다. 그래도 출입이 편하고 공기 좋은 곳에 있는 밭인 줄 짐작했는데 전혀 딴판인 것이다. 밭에 갈 때마다 잔소리는 차 시동 걸 때부터 시작해 도착할 때까지 계속 되었다.

하늘이 도왔는지 이듬해부터 개들이 사라지고 평온을 되찾았다. 냄새를 마다않고 뻔질나게 밭에 오는 우리를 보고 개 임자가 눈치껏 떠난 것이라 여겼다. 냄새의 근원은 도살을 병행했기 때문이라고 생각하는데 그들도 이 비밀스러운 골짜기 밭이 팔릴 줄 몰랐을 것이다. 운신의 폭이 좁아지자 그들은 더 자유스러운 곳으로 옮겨 갔다. 이제는 이따금 소 울음소리만 들릴 뿐이다. 소나무가 무성하여 산새소리가 들리고 공기도 맑아졌다. 자주 오가다 보니 먼 길도 가깝게 느껴지고 정이 들어갔다.

슬슬 비밀스러운 밭 주위를 살피기 시작했다. 가을에는 주인 없는 밤이 온 산에 떨어져 줍는 재미가 쏠쏠하고 밭둑에 산딸기가 지천으로 있어 그것 또한 좋았다. 송홧가루가 안개처럼 떨어지는 봄이면 쑥이랑 머위를 뜯으며 계절에 취해갔다. 심고 가꾸고 거두는데 재미를 붙여 세월 가는 줄 몰랐다.

이제 이 비밀스런 밭이 없다면 심심할 것 같다. 매연에 찌든 도심 생활에 피난처 역할을 톡톡히 하고 있다. 더덕, 취, 들깨, 참깨, 김장배추와 무를 심었고 고추, 상추, 오이 가지가 해마다 식탁에 올랐다. 올해는 블루베리와 자두맛도 보고, 포도도 알알이 맺혀 굵어지고 있다. 그렇게 태평하게 농사짓다가 엊그제 봉변을 당해 버린 것이다.

어쩌다 고라니는 낮에도 볼 수 있었지만 그동안 방심한 탓도 있다. 그물망도 기울고 쳐져 짐승에게 만만하게 보인 까닭이다. 면사무소에 신고하니 포수가 저녁에 와서 공포탄을 쏴줄 거라고 했다. 타이머로 밤에 전기불이 들어오게 하고 라디오를 켜서 사람이 있는 것처럼 꾸몄다. 담장을 재정비하고 불안한 하룻밤을 보냈다.

사흘 뒤 다시 온 멧돼지가 온통 뒤져 쑥대밭을 만들어 놓았다. 고구마 농사는 폐농이 되어가고 시름만 더해져 갔다. 멧돼지가 영리해서 먹이가 있는 것을 알면 지속적으로 찾아오는 것 같다.

작년부터 아래쪽 우사도 텅 비어 더욱 조용하다. 산속은 평온했지만 우리 부부는 어질러진 밭을 보며 한숨을 쉰다. 영역침범이 누구에게 해당되는지 생각해 본다. 산 턱밑에 밭을 둔 우리 잘못이 큰지 우매한 짐승을 탓해야하는지를. 내년부터는 밭의 품종을 바꿔야 하겠다. 하필 멧돼지가 좋아하는 것을 심어 놓은 탓에 큰일을 치르고 있는 것이다.

십여 년 넘게 이 밭을 경작했다. 창고도 짓고 잠시 휴식할 공간도 마련했다. 이름 모를 새소리와 솔바람과 더불어 마음에 쉼도 나름 가졌다. 야생화를 심어 꽃과 나비를 보며 행복해 하고 산다. 욕심 한 가지만 내려놓으면 모든 것은 그대로 유지될 것이다. 밭의 환금성이 없어도 어쩌겠는가. 살았을 때 누리고 살면 되었지 더 바랄 게 없다.

밭고랑을 둘러보며 남편은 아직도 탄식인지, 한숨인지 모를 앓는 소리를 연신내고 있다. 안목 없는 자신을 탓하는 소리가 아닌가 하고 귀를 기울여 본다.

산길을 걸으며

 마을 뒷산으로 가는 오솔길을 걷는다. 오붓한 산길이 완만한 능선으로 이어져 길은 마치 실타래를 풀어 놓은 것 같다. 산자락을 일궈 만든 밭에는 흰 감자꽃이 한창이다. 금은화도 울타리를 감고 산마의 줄기도 더듬이를 단 것처럼 잘도 기어오르고 있다. 모든 것을 땅심에 맡긴 채 어울려서 살아가고 있다. 풀쐐기도 보이고 파리, 모기도 공존하는 산속, 어울리지 않을 법한 그들도 자연을 향유하고 있다.
 너럭바위에 쉬어간다. 노랑괴불주머니꽃이 양옆으로 군락을 이루고 양지꽃과 뱀딸기꽃도 나지막하게 피어 자꾸만 눈길이 간다. 오늘은 인적이 드물고 조용하여 호젓한 산행이다. 간밤의 비로 인해 풀냄새가 한결 짙어 상큼하고 바람조차 싱그럽다.
 새소리가 다양하게 들린다. 그들의 언어는 통변이 안 되어 침입자에 대한 경계인지, 노래인지, 울음인지 분별할 수 없다.

터키 어느 산골에서는 새소리와 비슷한 휘파람으로 언어를 대신한다고 들었다. 오랜 세월 조상으로부터 전해 내려온 그들만의 소통법인데 새소리와 유사했다. 사람의 음성도, 새소리도 모두 소통을 위함이 아닌가.

잠시 정적이 흐르고 바람만 살포시 그네를 타는데 아마 태초의 숲도 이랬을까 싶다. 오월의 산, 푸른 물이 뚝뚝 떨어질 것 같다.

"오월은 금방 찬물로 세수를 한 21살 청신한 얼굴이다."

"오월은 하얀 손가락에 끼어 있는 비취가락지다."

금아 선생님은 이렇게 읊으셨는데 그런 오월의 푸름에 마음을 씻어내며 산길을 걷는다.

약간의 경사를 딛고 걸으니 밤나무 군락지다. 매년 가을, 밤을 주우려고 사람들로 북적이더니 땅이 패여 허물어지고 붉은 흙이 보인다. 사람에게 줄곧 시달려 온 것을 한눈에 알 수 있다. 해마다 가지가 무참히 꺾여있는 것을 이미 많이 봐온 터다. 밤송이가 익으면 그때 알밤만 주워가면 될 텐데 사람의 욕심이 문제다. 용케도 밤나무는 있는 힘을 다해 꽃을 피우고 살아있다. 사람들이 밤나무 숲에 적당한 회복의 시간을 주었으면 좋겠다.

골짜기에 바윗돌 잔해가 많아졌다. 한 쪽 언덕배기에 있던 뾰족 바위도 굴러 떨어지고 안 보인다. 비탈을 굴러 부서져 내린 흔적들이 여기저기에 흩어져 있다. 시간이 흐르면 바위도 움직인다는 것을 느낀다. 계절의 변화에 수축과 팽창을 거듭하며 뒤척이다가 마침내 기지개를 켜며 오랜 잠에서 깨어나는 것이다. 그럴 때 바위가 갈라져 뒹굴고 추락하며 잔돌을 낳고 잔돌이 균열을 일으켜 마사와 모래를 만들고 있다.

흐르는 시간 속에 변하지 않는 것이 없다. 내 자신에게 변화를 모색한다면 돌처럼 굳은 마음과 아집을 들 수 있을 것이다. 저처럼 굳은 바위도 탈바꿈을 시도하는데 못할 것도 없지 않을까. 점차 내 안의 단단한 것들이 작게 쪼개질 기미가 보이면 좋겠다.

녹음이 우거져 터널이 된 조붓한 길을 간다. 가끔 혼자 한적한 길을 걷고 싶을 때가 있다. 그 시간은 누구나 수도자의 심성이 된다. 조용히 삶을 돌아보는 사유의 시간이기 때문이다. 인적이 드물어 세상과 등을 진 이곳에 길을 낸 사람이 누구인지 궁금하다. 누군가에 의해 하나의 방향이 정해지고 자꾸 그 쪽으로 따라가다 보면 길이 되고 길을 내는 사람이 되는 것을.

낯선 길로 접어든다. 새길은 설렘으로 다가와 이런 곳도 있었나 싶어 감탄이 나온다. 키 큰 편백나무 숲이 펼쳐지며 하늘이 가물가물 보인다. 바닥이 푹신한 카펫처럼 느껴짐은 낙엽의 두께 때문이다. 밋밋한 산이라 여겼는데 약수터도 있고, 쉼터가 있어 오밀조밀한 산길이 친근감을 더해준다.

정상에 오르니 운동기구가 다채롭게 마련되어 있다. 땀 흘리며 운동하는 사람들이 있고, 해돋이 행사를 하는 제단도 보인다.

새해를 맞아 해돋이 보려고 이곳에 온 적이 여러 번 있다. 정상에서 맞는 일출은 무언가 모르게 신선하고, 비장한 각오를 하게 만든다. 먼 산등성이 위로 주홍빛으로 붉게 번져오던 하늘, 그리고 해의 출현은 전날과는 다른 울림이 분명 있다.

내려오는 길도 여러 개다. 동네와 가까운 길로 내려오는데 히말라야시다 나무가 여럿 보인다. 이 동네 출신인 재일교포가 나무를 기증했다고 한다. 마음이 훈훈해진다.

땀 흘리며 산길을 오르내렸다. 내면을 정화하고 생각을 간추리며 느끼고 즐겼다. 오르막을 오르면서는 삶의 곤고함과 노력의 중요성을, 정상에서는 쉼과 희열을, 내려오면서는 감사와 겸손을 떠올렸다. 평범한 도보가 아닌 탓에 심장의 박동이 빨라지면서 거친 숨도 몰아쉬었다. 산을 올라갈 때는 우리의 젊은 날을 생각하게 했고, 하산할 때는 우리의 황혼녘을 떠올리게 했다. 등산은 올라 갈 때보다 내려올 때가 더 위험하다고 한다. 하산할 때는 미끄러지지 않도록 한 발 한 발 조심해야 한다. 노년의 삶도 하산할 때와 비유된다. 체력이 약해져 행동에 많은 제약이 따른다. 산길은 바삐 서두르기보다는 꾸준함과 인내가 필요하다. 땀이 흥건하지만 왠지 푸름에 물든 것 같아 상쾌하다.

나만의 수장고

　　　　달빛이 가만히 새어드는 수장고가 있다. 너도밤나무로 만든 바닥은 아니어도, 오동나무로 지은 수납장은 없어도 굳이 수장고라고 이름을 붙여 본다.

　이렇다 할 표식도 없이 먼지만 까무룩하게 뒤집어쓴 채 있는 것이 주인을 잘못 만난 탓이다. 삶의 족적을 따라 하나, 둘 생겨난 잡다한 물건들을 버리지 못함은 무슨 연유일까. 그저 옛 생활용품인 까닭에 남들이 보면 고물이라고 치부할 수도 있는 것들에 연연해하고 있는 것이다. 몇 번이나 정리를 시도했지만 여전히 내치지 못하고 집안을 맴돌고 있다. 정신 사납다는 가족들의 성화에 내 마음도 그리 편치는 않다.

　어느 날 구석진 방도 오감하다고 소장품들이 공구창고로 들려 나오게 된다. 창고에는 남편이 건설업을 할 때 쓰던 물건들이 수두룩하다. 이곳도 비좁기는 마찬가지다. 틈새를 비집고 하나씩 물건들을 채워 넣기가 여간 힘들지 않다. 아직도 쓸 만한 수평기와 먹통, 줄자가 한 자리에 나란히 보여 눈길을 끈다.

남편은 매사 적당히 하는 게 없다. 항상 자로 잰 듯 정확하게 살려고 한다. 무엇을 만들 때마다 좌우 균형을 맞추기 위해 곧잘 수평기를 들이댄다. 안에 보이는 액상의 수은 방울이 공간의 중심에 있을 때라야 정확한 수평이다. 옆에서 보조라도 할라치면 그 세밀함이 머리를 젓게 한다.

새까만 먹통은 오랜 세월 주인과 함께 했다. 먹통에는 손잡이가 달려 이리저리 돌리면 감긴 실에 먹이 묻어난다. 시작점에 선 사람이 먹통을 바닥 가까이 대면, 끝점까지 길게 실을 빼낸 사람이 한순간에 튕겨 준다. 두 사람의 교감이 있어야 한다. 먹물이 줄줄 흘러도 안 되고, 적당히 먹이 배어 들어야 선이 명료하게 나타난다. 그 먹물선을 따라 잘라 줘야 무엇이든 딱 이가 들어맞는다. 삶에서도 먹통을 사용하여 바른 실금을 튕길 수 있다면 어떨까. 길을 몰라 헤매는 일 없이 바른 길 갈 수 있을 텐데.

집요하게 불끈 쥐고 있던 물건들이 한 곳에서 공생하고 있다. 그동안 고물상에 갖다 주라고 잔소리를 꽤나 했다. 나의 관심 밖의 것을 내다 버리라고 훈수한 격이 돼버렸다. 이 잡다한 물건들도 마음에 준비 없이 사라진다면 당황스러울 것 같은 생각이 든다.

창으로 달빛이 심심찮게 비친다. 보름밤은 불을 켜지 않아도 이곳에 군집해 있는 고독한 군상들을 분간할 수 있다. 하나하나 예스럽다. 이 모든 삶의 자취들을 아직은 내 시야 안에 두고 봄을 나무라지 않았으면 좋겠다. 적묵함만 흐르는 이곳에는 커다래진 동공만이 바삐 움직이고 있다.

가슴 에이는 녹색접시가 보인다. 예전 엄마가 생활고로 친정 동네에 이런 접시를 팔러 다녔다. 어려서 예사로 들었지만 커서 생각하니 안타까운 마음이 든다. 엄마의 자존심보다 자식들과 살아가야 할 삶이 우선했음을 알 수 있다. 교통도 좋지 않던 시절, 삶이 얼마나 곤고했으면 친정동네까지 가서 장사를 했을까. 무거운 짐을 싣고 오르내리며 장시간 기차를 탔을 것이다. 또 십리 길은 마차아저씨를 부르거나 아니면 머리에 이고 갔지 싶다. 접시를 닦으면 그리운 엄마를 쓰다듬는 듯 기분이 묘해진다. 생전 효도 한번 못하고 일찍 떠나보낸 것이 두고두고 가슴에 걸린다.

나무로 제법 정교하게 다듬어진 멍에가 눈에 띈다. 마소의 잔등에 얹혀 있던 멍에는 아버지의 굽은 등을 떠올리게 한다. 장애의 몸으로 대가족의 생계를 책임져야 했던 아버지. 중년의 상처는 망처라는 말이 있었다. 액운 많다는 소띠여서 평생 멍에를 숙명처럼 지고 사셨는지 모르겠다. 근엄하고 무섭기만 했던 아버지와 나는 눈에 보이지 않는 거리감이 있었다. 엄마의 빈자리로 인해 그 거리감은 점점 벌어졌다. 아버지를 **빼**닮았어도 항상 데면데면 하기만 했던 못난 딸이었다.

　허깨비처럼 바람에 실려 과거에 겉돌고 있는 의식을 깨우고 싶을 때가 있다. 하지만 코뚜레와 굴레에 걸쳐진 고삐처럼 뗄 수 없는 운명을 느낀다. 이가 빠진 접시들, 묵직한 수석이며 거무튀튀한 목기 등 이런 빛바랜 물건들로 기억의 조각을 오늘도 꿰맞추고 있는 것이다.

　허접한 물건일수록 자주 손길이 가야 정갈해진다. 녹이 쓸지 않게 유기그릇도 닦아 주어야 반짝반짝 윤이 난다. 버리지 못하는 만큼 가꿔야 마땅하다.

　마음 안도 이와 같을 수 있다. 돌아봐 살피고 반듯하게 생각을 정돈하는 게 중요하다. 가장 이상적인 것이 내 안에 있다면 주된 공간에 자리매김하는 게 좋다. 내 안에 고이 간직해야 할 보물은 과연 있기나 한지 고민해 본다.

　수장고는 온습도와 빛과 벌레, 세균 등의 외적요인들부터 안전해야 한다. 화재와 홍수, 천재지변, 도난, 인재와도 무관하지 않다. 이런 까다로움을 요하는 수장고를 허접한 창고에다 붙이다니. 하지만 이름만이라도 그렇게 붙여주고 싶은 마음이다. 나만의 수장고 안에는 사람살이의 땀과 아픔과 추억 그리고 내 고집이 스며들어 있다.

가창산담

아담한 뒤 산山은 천년 병풍이요,
흐르는 앞 천川은 만고의 담장이라.
앞 천에 물이 있으니 천 강江의 달이요,
뒤 산의 푸른 바위는 만 리萬里의 하늘이라.

어떤 스님이 이곳을 둘러보고 하신 말씀이다.
이곳은 행정구역상 경북 달성군 가창면에 속한다. 요란한 장식 없이 지은 수수한 집인데 주인 내외의 인상이 그렇다. 마치 가을산에 핀 들국화를 닮은 듯 편안해 보인다. 맑은 하늘을 이고 청량한 공기를 마시고 살아서 그런가 싶다. 들꽃과 계곡 물소리와 산새 소리도 한몫 했으리라 여겨본다.
여기에 노트 한 권을 가지고 왔다. 삶의 궤적은 어디에도 있게 마련이어서 보고 느끼는 것을 기록하고 싶었다. 도시탈출을 선

언하고 왔기에 환경변화에 따른 심리변동의 그래프를 그려 보고자 했다. 도시생활이 유형有形의 시간이었다면 여기는 정양靜養의 자리였으면 했다.

바람이 몹시 부는 날은 풍경이 울기 시작한다. 내 마음을 데리고 종종걸음을 쳐 안절부절해진다. 풍경의 울음은 여기서 유일하게 정적을 깨는 소리다. 그 소리는 바깥 여느 세상소리와 다를 바 없이 들려온다. 바람이 골짜기를 빠져나가면 다시 고요가 찾아오고 언제 그랬냐는 듯 시침을 뗀 풍경이 가부좌를 튼다. 심란하던 마음도 그제야 제자리로 돌아와 안정을 취한다.

멀리 산모롱이를 돌아 시내로 들어가는 자동차 불빛이 보인다. 지나가는 불빛을 보이지 않을 때까지 바라보며 알 수 없는 마음에 갇힌다. 한 대, 두 대 성급히 지나가는데 아까부터 내 마음도 그 불빛을 쫓고 있는 것이다. 오슬오슬한 한기와 어둠이 주는 적막함이 그쪽으로 나를 몰아간다. 도시의 익숙한 것에서 벗어나기가 쉽지 않다는 생각이 든다.

봄은 어디쯤 오고 있을까? 흙냄새가 조금씩 달라짐을 느끼며 아기의 성장을 살피는 엄마의 눈길이 된다. 저 덤불속 어딘가 어린 쑥이 땅을 뚫고 나왔을 것 같은 생각이 든다. 산골바람이 여간 아니다. 잠 못 드는 밤의 자락이 새벽으로 치닫고 있다. 나는 봄을 꿈꾸며 시린 삼월의 이불자락을 여민다.

계곡 물이 눈에 띄게 줄어든다. 드러난 바위와 잔돌들의 모양새가 보기 좋다. 깎이고 쓸려서 밋밋하고 둥글다. 큰 바위들이 신령스럽게 보이지만 부드러움을 능가하지는 못해 보인다.

내 안에 내재된 뾰족하고 날선 자아도 물살에 깎이게끔 내려놓을까 한다. 더 이상 상처를 주고받을 일 없게, 더는 아프지 않게 말이다.

큰비가 내리면 거친 물살에 돌 구르는 소리가 들린다. 계곡에는 맥반석이 많이 보이는데 물을 정화하는 돌이다. 내 심령도 촘촘히 정화되길 기대해 보며 흰 쌀톨 같은 입자문양을 유심히 쳐다본다.

삼월 중순에서야 버들강아지가 피어난다. 보송보송한 모양새가 이름을 반증하며 봄의 서곡을 알린다. 봄은 뒷산 산수유가지에도 살포시 앉아 있다. 산을 올라 휘휘 둘러보니 노란 꽃만 시야에 보인다. 향기가 좋아 숨을 들여 마시니 몸이 향기로 수혈되고 있는 착각에 빠진다.

정원에 제비꽃이 무리지어 피어나 보는 이로 하여금 탄성을 자아내게 만든다. 밤하늘에 별이 있어 땅에는 꽃이 있는지 모른다. 보랏빛 작은 꽃송이가 여기 더 지체하도록 나를 붙들고 있다.

바깥은 지금 꽃샘바람이 한창이다. 애써 핀 꽃들이 오들오들 떨고 있다. 김승희 시인의 글이 떠오른다.

산다는 것은 지치도록 바람 속을 걷는 것이다. 사람의 생애 중에 바람 자는 날이 단 며칠 있을까.

바람은 삶의 생동하는 운동이면서 희망의 목마름이고, 사람살이의 피맺힌 파란이면서 동시에 벅찬 무용이기도 하다.

시인의 표현처럼 파란의 삶을 살고 있는 분의 이야기를 전해 들었다.

인근 주민으로부터 들은 내용인즉 이 마을에 신랑 노름빚에 끌려 온 아주머니가 있다는 것이다. 참 얄궂은 운명이라는 생각이 들었다. 돈 대신 붙들려 온 사람이나 끌고 온 사람이나 한심하긴 매한가지인데 씁쓸한 기분이 들었다. 이곳도 예전에는 벽지여서 도망칠 엄두도 못 내고 살았는지 모를 일이다.

가창은 끌려온 사람이나 제 발로 찾아든 사람이나 포근히 감싸주는 무언가가 있는 모양이다. 그렇지 않고서야 어찌 모진 세월을 보낼 수 있었겠는가. 아주머니는 자신의 존재가치를 모르는 분이 아니신지 의심이 들었다. 아무리 생각해도 이해가 되지 않는 부분이어서 속이 답답해졌다. 그런 삶이 있다는 사실만으로 화가 치밀었지만 무수한 세월이 지났고 한 군데라도 정착해 있다는 것에 안도하는 수밖에. 정말 사람이 물건처럼 이리저리 떠밀려져 오갈 데 없어지면 더 슬픈 일이 되겠기에 말이다.

저 산수유와 제비꽃을 피우게 한 것도 바람이다. 꽃샘바람이 내 주위를 서성거리고 있는 이 시간, 바람과 더불어 나는 무엇을 피워낼 것인가 고심하고 있다. 마음자리 비우면 실오라기 같은 생명수가 고여 들지 모르겠다. 하늘의 그분 마음까지 시원하게 해줄 가느다란 물줄기를 기다린다.

　넉넉한 산과 흐르는 계곡물을 보며 달과 별과 구름을 벗 삼아 잠시 기거하려 한다. 가창은 내게 그런 치유의 시간을 허락하고 있다.

소확행 小確幸

　　　　사소한 것으로 마음이 흡족할 때가 있다. 살다보면 큰 기쁨은 기실 드물다. 빙그레 미소 짓는 얼굴, 가슴 데워주는 따뜻한 위로, 잘 할 수 있다는 격려들로 말미암아 행복을 느낄 수 있다.

　　골목길에 조그만 청자빛깔 항아리가 보인다. 빛깔이 고와 주워 들고 보니 주둥이가 조금 떨어지고 없다. 옆에 깨어진 파편들이 있어 주워 모았다. 조심스레 들고 와서 접착제로 붙이니 그럴싸한 청자 항아리가 되었다. 난과 매화가 기품 있게 그려져 있어 호감이 간다. 문갑위에 격상시키듯 올려놓고 까치밥을 꽂아 두었다. 명품이 따로 없다며 흐뭇해 한다.

　　공터에 기와가 버려져 있다. 아이들이 노는 자리라 언제 깨질지 모른다. 폐기물인 것 같아 몇 장 가져 왔다. 흙을 담고 이끼를 두르고 뱀딸기 풀을 심었다. 야생초와 기와의 어울림은 고졸미가 돋보여서 보고 또 본다.

　여동생이 선물을 보냈다. 인사동에서 산 접시란다. 선물 자체만으로도 기쁜데 보는 순간 미소가 흘러 나왔다. 오목하니 소담스러운 비취색 접시에 매료되었다. 매화 꽃잎 몇 닢 띄우면 푸른 하늘과 구름이 보였다. 그 접시는 또 다른 용도로 쓸 수 있게끔 귀퉁이에 홈을 파 놓았다. 꽃가지를 비스듬한 각도로 끼워 보았다. 뭐든 그 접시에 오르면 근사해진다. 동방사니 풀을 꽂아 보았다. 긴 대궁이가 허공을 가로 지르니 날렵한 맵시가 돋보였다. 풀은 접시에 꽂히면서 서서히 꽃이 되어갔다. 모시조각보를 접시 밑에 깔아주니 더욱 시원스럽고 깔끔하다.

　남포 등피를 닦는다. 시간 날 때마다 말갛게 닦아 놓는다. 남포등을 켜고 글을 쓰면 감흥이 남다르다. 주홍불빛이 남실거리는 밤이면 앉은뱅이 책상에 앉는다. 종이와 펜을 준비하고 정중동의 자세를 취한다. 그리고 눈을 슬며시 내리 감는다. 한참 그러고 있으면 까마득한 옛일들이 떠오른다. 밤 마실 갔다 오던 육촌 언니의 삽짝문 닫는 소리가 들려오고, 고모댁 담장 뛰어넘다가 탱자가시에 떨어져 울상 짓던 머슴애들이 생각난다. 누렁이가 짖어대고 수런수런 우리들의 이야기꽃이 피어나던 그날 밤이 그리워진다. 따듯함이 전해져오는 남포등을 바라보면서 추억을 회상하는 시간이 즐겁다.

　벚꽃 핀 둑길을 사부자기 걸으면 눈부신 꽃의 화사함에 절로 감탄이 난다. 봄이 올 때 나는 절대자에게 감사를 드린다. 유난히 봄을 타는 나를 의아하게 생각하는 사람들이 있지만 개의치 않는다. 언 땅이 스르르 녹으면 흙이 축축해지고 봄바람 살랑거리면 흙냄새부터 달라진다. 생명이 소생하고 약동하는 그 출렁거림에 휩싸여 나는 한 자리에 가만 있지 못하고 분주해진다. 꽃이 핀 들을 거닌다. 미국 드라마 '초원의 집'이 떠오르고 주근깨 아이 '로라'가 생각난다. 그 아이처럼 양 갈래 머리를 땋고 레이스가 달린 꽃무늬 치마를 입고서 초원을 내달리고 싶어진다.

부채가 두 개 생겼다. 한지를 사던 중 덤으로 얻은 것이다. 흰 부채가 밋밋해 보여 그림을 그릴까 하다가 그만 두었다. 솜씨가 못 미쳐 그르칠 게 뻔해서다. 대신 다홍색 매듭을 손잡이에 달았더니 새뜻하다. 사뭇 분위기가 달라져 기분이 좋아진다. 살랑살랑 부채질하니 청신한 바람이 일어난다.

여름만 되면 부채 선물을 즐겨 한다. 직접 그림 그려 준 적도 있지만 요즘은 솜씨 있는 캘리그라피 선생님 것을 좋아한다. 올 여름에도 열 개 정도 선물한 것 같다.

무릎 수술을 하고 몇 달간 칩거상태로 있었던 때다. 외출도 어렵고 수시로 통증이 와서 휠체어에 의존하고 있었다. 심심해 소일거리를 찾다가 옷감과 색실을 찾아냈다. 도안도 없이 마음 가는 대로 수를 놓았다. 학창시절 수예시간에 배운 것이 다여서 솜씨는 없지만 꽃수를 놓았다. 간절한 마음이어서 그랬는지 제법 보기가 좋다고들 했다. 광목으로 베게잇과 가방을 만들면서 내 안에 없던 재주를 발견한 것 같아 흐뭇했다. 방석자리 네 귀퉁이에 수를 놓아 남편에게 내밀면서 꽃방석에 앉힌다고 너스레를 떨었다. 모처럼 환하게 웃었다.

달이 환한 보름밤, 찻물을 데운다. 이중창을 활짝 열어 젖히고 통유리 창가에 앉는다. 두툼한 분청찻잔에 찻잎을 담고 따뜻한 물을 붓는다. 달빛 한번 쳐다보고 차 한 모금 머금는다. 입안에 녹차의 구수하고 떫은 맛이 번진다. 달빛 아래 무심한 듯한 이 시간이 각별하다.

노래를 좋아한다. 부르기보다는 감상위주다. 주로 듣는 노래는 찬양성가나 조용한 발라드, 세미클래식 등이다. 영성은 보잘 것 없지만 '실로암' 이나 '주 하나님 지으신 모든 세계'를 들으면 가슴이 뜨거워짐을 느낀다. 그럴 때마다 믿음이 굳건해지기를 기도한다.

음악이 없다면 세상은 얼마나 삭막할까. 가인歌人 김광석을 추억하며 그의 노래를 듣는다. 촉촉한 감성으로 노래가 다가온다.

이런 소소한 것으로 확실한 행복을 누리며 산다. 꿈을 꾸며 가슴 뛰는 일을 찾다 보면 생은 이러한 것들로 인해 소중히 빛날 것이다.

조롱박 그늘아래

조롱박 그늘 아래서 차를 마신다. 이엉새를 타고 오르던 줄기와 잎들이 어느새 짙은 그늘을 드리웠다. 조롱박을 연연해하던 내가 꿈꾸던 일이 이루어진 것이다. 실농失農한 사람의 마음이 되어보면 알 수 있겠지만 조롱박은 풍요의 대상으로 다가온다. 언제 저런 여문 결실을 얻을까 하고 늘 되뇌었던 것이다.

조롱박을 심은 뒤, 기도하는 마음으로 지냈다. 실패한 경험이 있었기에 제대로 자랄 수 있을까 염려 되었다. 박구덩이를 자주 들여다보며 애를 태웠다. 떡잎이 나올 때까지 거의 한 달이 걸렸다. 보송보송한 솜털을 달고 싹이 올라 왔을 때 뛸 듯이 기뻤다. 쓰다듬고 말을 건네고 즐거워했다. 흙이 안 좋다고 몇 번이나 자리를 옮겼던 일, 벌레들의 극성으로 마음 졸이던 일, 퇴비를 주며 애지중지하던 일이 떠오른다.

조롱박이 경주를 하듯 잘도 자란다. 모양새가 금방 달라지는 것이 신기하다. 덩굴손을 뻗어 나가던 조롱박의 의지가 그늘을 만들어 놓았다. 푸른 잎사귀가 햇볕을 가려주니 시원한 느낌이다. 나는 그 그늘 아래 각별한 기분으로 앉아 있다. 오랜 기다림의 결과물을 놓고 흐뭇한 마음으로 있다. 한들거리는 조롱박 잎사귀 사이로 푸른 하늘이 상큼하게 보인다.

어디서 속살거리는 소리가 난다. 아무것도 보이지 않는데 소리는 바람을 타고 오가고 있다. 소리 나는 쪽으로 시선을 돌리면 자꾸만 조롱박 그늘 아래서 멈춰버리는 것이다.

아까 전부터 구약 성서에 나오는 '요나'를 생각했다. 뙤약볕에 있다가 하나님이 박 넝쿨로 가려 주자 그 그늘 아래서 기뻐했던 요나를. 하나님이 뜨거운 동풍을 쪼여 박 넝쿨을 마르게 하자 죽을 것 같다고 성내던 요나를.

요나는 하나님의 명으로 '니느웨'가 멸망한다고 선포하고 다녔다. 하나님이 그 말씀을 번복하자 실없는 사람이 된 것 같아 원망했다. 요나는 더위로 한 줄기 박 넝쿨을 아꼈지만 하나님은 거대한 성읍의 죄 많은 백성을 아꼈다. 인간의 심리를 잘 대변해 주던 요나, 꼭 나와 같던 요나의 기도가 들려오고 있다.

해거름이 되니 박꽃이 피어난다. 하얀 꽃이 세모시 적삼의 단아한 여인처럼 순결하고 귀해 보인다. 흰 빛깔인 박꽃의 순례는 매일 저녁 시작된다. 낮보다 어두운 밤을 좋아한다. 땀에 젖을세라 밤에만 피는 모양이다.

달밤, 박꽃은 아름다움의 극치를 이룬다. 은은한 달빛과 조우하는 꽃을 한층 돋보이게 한다. 수묵水墨이 번져 이슥한 밤의 어귀를 풀어놓으면 박꽃은 그림 속의 여백으로 그 자리에 남는다. 한 폭의 동양화처럼 밤의 정취는 고조되고 만다.

밤의 고독, 조롱박의 꽃말이다. 오로지 밤의 적막 가운데 남겨진 꽃, 차라리 고독 그 자체를 즐기는 꽃일 것이다. 외로움과 그리움을 키워 꽃은 씨앗으로 여물어 간다. 속내의 정을 다스려 승화시키는 꽃은 그 길이 영원으로 드는 길임을 진작 알았는지 모른다.

정결한 자태를 늦도록 쳐다본다. 세상사에 관심 없는 듯 순수하다. 그러나 속절없이 사그라지지 않고 열매를 달 줄 아는 것이 바람직하다. 철저한 고독이 지나간 자리에 내밀한 자기세계를 다져 여문 씨앗을 맺는 것이다. 연약한 줄기에 드리운 호리병 모양의 조각품, 맵짠 여인의 모습이다.

밤은 안식의 시간이다. 그러나 나는 쉽게 잠들 수 없다. 조롱박은 등불을 켠 듯 밤을 훤히 밝히고 있는데, 나는 이 밤을 지새워 무엇에 도달하려 함인가. 저 조롱박이 열린 자리에 내 인생의 결실이 있다면 걸어 두고 싶은데 그렇지 못하다. 움켜쥐고 싶었지만 손가락 사이로 빠져 나가버린 것들이 나를 주눅 들게 만든다. 마음자리는 문맥을 이탈한 글처럼 갈 바를 몰라 하고 있다. 밤의 여로를 지난다. 시련 속에 피는 꽃은 달지 않겠지만 그 열매마저 쓰디쓰진 않을 거라 여기며 억지로 자리에 든다.

성하의 계절이 막바지를 치닫는다. 조롱박 밑둥치는 잎이 퇴색했다. 줄기가 마르고 잎이 떨어질 즈음, 박을 딴다. 박속을 가르고, 속살과 씨를 빼고, 솥에 찐 다음 그늘에 말린다. 소담스런 바가지가 여러 개 생겨난다.

조롱박을 귀하게 다구로 쓰고 있다. 차 거름망도 만든다. 바가지의 볼록한 부분을 아주 작은 톱으로 잘라내고 그물망을 대어 한 땀씩 바늘로 꿰맨다. 문발에 바가지 몇 개는 걸어두고 본다. 살아서는 꽃으로, 죽어서는 다향을 머금는 기구로 내 곁에 있다.

별

　　　　밤하늘에 별들이 은싸라기를 뿌려 놓은 듯하다. 별을 보면 광활한 우주와 나의 존재를 생각하게 된다. 자연의 일부로 지구별에서 삶을 영위하고 있지만 존재의 이유와 가치관은 아직 모호한 채 살고 있다.

　　별자리들을 보면 오밀조밀 모여 도란거리는 모습이 정답게 보인다. 하지만 그와 상반된 생각이 들 때가 있다. 마음이 언짢을 때는 별빛도 차갑게 느껴진다. 상처라도 받은 날, 별자리를 보고 있으면 몸도 마음도 냉해져 으슬으슬 한기가 든다.

　　젊은이들은 별을 보고 꿈과 희망을 떠올린다. 그들에게 꿈과 희망이 없다면 얼마나 지루하며 삭막한 세상이 될까. 우리 모두는 쉽게 성취할 수 없을지라도 자신의 별, 즉 꿈을 지녀야 한다. 드높은 이상을 빛나는 성좌의 반열에 둘 수 있도록 정진해야 한다.

별과의 거리를 가늠할 수가 없었다. 내 꿈 역시 그랬다. 하늘의 별을 보면서 잡힐 듯 잡히지 않는 꿈의 실체를 보고 있었다. 별은 연연한 빛을 보내와 감싸 안으려고 했지만 돌연 싸늘히 식어 냉혹해지기도 했다. 꿈을 좇다 끝내 추락할 것만 같은 현실에 부닥쳤다. 암담함 그리고 낭패감으로 가슴이 먹먹했던 나날들이었다.

별과의 거리를 새로운 시선으로 본다. 그 거리를 분별하며 욕망으로 치닫는 꿈에 내 전부를 싣지 않기로 한다. 참으로 차가운 의지를 발하는 순간이다. 자신을 스스로 제어할 수 있다는 그것은 별을 싸늘한 이성으로 감지하기 때문이다. 그러나 사랑이 없는 이성은 비정할 수밖에 없다.

때로는 지척에 두고
의지로 버티기
저 만치 그 자리에
늘 의연한 그대
바라봄만으로
족하는 외사랑
별은 내게
침묵으로 일관하는
금단의 영역

별은

꿈의 한계선 밖

　오르지 못할 꿈이지만 가슴에 각인시킴은 바람직하다. 꿈에 이르지 못하더라도 근사치에 도달하는 길이 되기에 그렇다. 수많은 도전과 실패를 거듭해도 끝내 포기하지 않기를 스스로에게 다짐하는 것이다.

　별자리 운세에 관한 책을 읽은 적이 있다. 내 별자리는 황소자리다. 강신江神의 딸인 '이오'가 '제우스'신에게 가까이 갔을 때, 그의 아내인 '헤라'의 노여움을 피하기 위해 '제우스'에 의해 변신된 것이다.

　황소자리의 수호신은 금성이다. 이 별은 고대로부터 평화로움과 조화를 이룬 사람을 뜻한다. 황소자리가 내려준 미美와 조화를 이루는 정신력과 수호성인 금성이 부여한 청순한 사랑이 숭고한 정신의 소유자를 탄생시킨다고 한다. 또 항상 새 경지를 향해 떠나는 자세를 지닌다고 설명하고 있다.

　내 인생에서 금성처럼 빛나 보이던 때가 있었는지 모르겠다. 아무래도 내 별은 '카시오페아'일 거라는 생각이 든다. 늦가을 북쪽 하늘에 W형으로 보이는 별, 가당치 않는 아름다움을 추구한 대가로 거꾸로 매달려 있다는 별이다. 오만과 허영심의 상징인 별이다. 정말 그런지도 모른다. 살면서 허황된 꿈만 꾸고 살

앉던 적이 얼마나 많았던가. 주제도 모르고 설치던 모양이 지금 생각하면 남세스럽기만 하다.

최근 인기 있는 직업이 연예인이다. 한류열풍이 불고 연예인들이 대거 세계무대로 진출하여 인지도를 쌓고 드라마도 수출되어 각광을 받고 있다. 그들을 흔히 '스타'라고 부르는데 이미 청소년들의 우상이 된 것을 알 수 있다. 화려한 겉모습만 보고 열광하는 팬들, 스타가 되면 사생활이 침범 받아 자유가 없다. 험난하고 치열한 경쟁 속에 살아 남기 위해 뼈를 깎는 고통이 쉼없이 뒤따른다. 인기에 연연해하여 스트레스를 받아 공황장애, 우울증 등을 토로하고 있다. 스타들도 멀리서 지켜볼 때만 신비하다. 가까이 보면 지난한 그들의 삶이 오히려 딱할 때가 많다.

사람들은 고통을 당하면 자신의 경우를 극대화시켜 받아들인다. 내가 더 아프고 힘들다고 여긴다. 한 소년을 알고부터 그런 편견을 없앴다.

소년은 노을이 물들 때가 가장 힘들다고 했다. 소년가장으로서 애달픔을 짐작만 할 뿐이었다. 허기진 삶과 소외감으로 소년은 떨고 있었고, 부모의 사랑을 그리워했다. 위로한답시고 영국 격언을 적어 보냈다.

"너의 상처를 별로 바꾸어라"(Turn your scar into a star)

상처와 별은 단어 하나 차이로 뜻을 달리한다. 너의 상처와 고난을 딛고 일어서면 나중에 별처럼 세상에 영향력 있는 사람이 될 거라고. 지금은 무엇을 하는지, 삶의 곤고함은 없는지 궁금하다.

그에게 눈을 들어 별을 바라보라고 말하고 싶다. 소년은 틀림없이 상처를 별로 바꾸고 있을 거라 여겨진다. 세상이 그를 버리지 않기를 별을 보며 기원하는 밤이다.

나야 나

　　　　자연 생태계를 보면 각자 자기의 존재를 부각시키려는 의지가 대단하다. 이른 봄 솜털이 보송보송한 줄기에 맺힌 숨이 막히도록 예쁜 꽃을 보노라면 그런 생각이 든다. 바람꽃, 복수초, 노루귀들은 큰 나무들이 그늘을 드리우기 전에 잰걸음으로 꽃을 피운다. 찬바람을 이겨내려고 낮은 포복을 하며 덤불을 이불삼아 꽃을 피워낸다. 살아내기 위한 생명력이 대단하다. 나름대로 관찰하다 보면 자연의 내재적 운율을 느끼게 된다. 자연의 순환은 제각기 생태계의 균형을 스스로 맞추어 가는 것 같다.

　오래 전에 시골에 갔다가 참나리꽃을 뿌리째 캐왔다. 마당엔 매화나무와 감나무가 우람하게 자리잡은 터라 화분에 심고는 조바심을 했다. 꽃이 지고 줄기가 마른 후 까마득히 그 존재를 잊어버렸다. 이듬해 봄, 새순이 나와도 인식하지 못하고 있다가 줄기가 늘씬해질 때야 비로소 참나리꽃임을 알고 무심함을 책망

했다.

　참나리꽃은 시골에서는 산과 들에 흔히 볼 수 있는 꽃이다. 외떡잎으로 이루어진 백합과 식물로 분류되며 우리나라에 약 열 종류가 분포되어 있다. 노란색과 분홍색의 꽃도 피는데 주황색 깔이 대부분이다. 수술 6개에 짙은 갈색의 꽃밥이 달려 암술과 더불어 길게 뻗어 나와 있다. 꽃잎의 점박이 무늬가 개성적이다. 옷으로 비유하자면 호피무늬와 비슷한 느낌을 준다. 호피무늬 옷은 확실한 취향을 드러낸 옷이라 도드라지게 보이고 멋스럽게 느껴진다. 그러나 아무에게나 어울리지 않는 무늬이기도 하다.

　꽃이 폈을 때는 요염해서 눈을 뗄 수 없다. 향기가 있나 하고 코를 가까이 댔다가는 일을 치른다. 꽃옆을 지나가다 수술 부위의 갈색 흔적이 묻어 난감한 경우가 생기기도 한다. 화려한 모습으로 피어 흔들거리며 손짓을 하지만 다가섰다가는 낭패를 보게 되는 심술궂은 꽃이다.

　예전에 들은 이야기가 생각난다. 이웃집에 부부싸움이 났는데 원인이 남편 와이셔츠에 묻은 빨간 입술자국이었다고 한다. 싸움을 붙일 요량으로 일부러 그렇게 하는 직업여성도 있다는데 무엇이 못마땅했는지 참 짓궂게 느껴진다.

　참나리꽃은 그런 불손한 의도는 없는 듯하다. '나야, 나!' 라며 쳐다봐 주기를 원하고 있을 뿐이다. 수더분한 꽃이 아닌 약간은 되바라진 꽃처럼 보이기는 하지만 말이다.

줄기에 잎이 나온 자리마다 까만 콩 같은 주아珠芽가 달려 있다. 꽃에는 씨가 없고 주아가 땅에 떨어져 개체증식을 한다. 잎겨드랑이마다 조롱조롱 품고 있는 모습이 이채롭고 또 특이한 것은 꽃봉오리로 있는 시간이 길다는 것이다. 오가며 쳐다봐도 옹다문 꽃봉오리는 여러 날이 지나도 기척이 없다. 소설 '봄봄' 속 '점순'이 키가 크기를 애타게 기다리는 머슴의 마음이 이해가 된다. 만개의 조짐은 보이지 않고 기다림에 지쳐간다. 그리고는 습관처럼 응당 멀었다고 생각하며 눈길을 거두게 된다. 깜찍하게도 꽃은 그럴 때 피어난다. 활짝 핀 꽃을 갑작스레 대하면 전율을 느끼게 된다. 소녀가 어느 날 갑자기 농염함을 풍기는 여인으로 다가올 때처럼. 참나리꽃이 바람에 흔들리고 있다. 키가 큰 꽃이 흔들릴 때마다 자유로운 영혼이 깃든 것 같다.

어릴 적, 사촌 언니의 미용자격 시험장에 모델로 참가했다. 당시 찍은 사진에는 입술 아래 제법 큰 점이 있는 낯선 아이가 있었다. 앞머리는 고대기로 웨이브를 넣었고, 망사 면사포를 씌운 신부머리였다. 원래 내 얼굴에 작은 점이 있긴 했지만 언니가 더 짙게 부각시켰다. 인물 점을 진하게 찍은 것이 유효했는지 언니는 합격했다. 미용기술이 우선이었겠지만 응시자들 중에서 단연 돋보이려고 묘책을 쓴 셈이었다.

어른이 되자 내 얼굴의 점이 슬슬 거슬리기 시작했다. 사람들의 의견이 분분했지만 피부과에 가서 없애버렸다. 복점이라고 아까워 하는 사람도 있고, 깨끗한 얼굴이 좋다는 이들도 있었다. 그 점을 그냥 놔뒀더라면 뭐가 달라졌을까. 가끔 그런 쓸데없는 생각에 젖을 때가 왕왕 있었다.

독특한 무늬의 주황색 꽃은 재기발랄한 젊은이를 연상케 한다. 요즈음 젊은이들은 자기주장이 확실하고 의견을 제시할 때 미적거림이 없다. 뚜렷한 의사표현이 때로는 부럽다. 젊은이들의 자기소개서나 이력서에는 스펙들로 넘쳐나 자신감에 찬 모습들이다. 자신의 개성과 실력으로 '나야 나'라며 자신을 뽑아 달라고 부각시킨다. 지금은 남녀를 불문하고 적극적이고 창의적인 생각을 하는 사람들에게 관대하다. 내성적이고 소심한 사람이 설 자리가 많지 않다.

참나리꽃은 들이나 숲에 피어도 기개가 있다. 맥없이 주뼛거리지 않고 호기롭다. 평소 붙임성 좋은 사람 같기도 하며 슬쩍 딴지를 잘 걸고 농을 즐기는 유쾌한 사람 같아 보인다.

참나리의 긴 꽃대가 흔들린다. 화려하나 속 깊이 내재한 어두운 상흔들이 엿보인다. 내가 여기 있노라고 끊임없이 손짓하고 있는 느낌이 들어서다.

젊은이들이 힘을 냈으면 한다. 참나리꽃처럼 야성을 잃지 말고 열심히 도전해 그들의 꿈을 이루었으면 좋겠다. 험한 세상 살다 아픈 흔적 생기더라도 열정으로 헤쳐 나가기를. '나야 나!' 라며 참나리꽃이 말을 걸어 온다.

2

봄이 오면 이 텃밭에 벚꽃 한 그루와 배롱나무 한 그루 보태고 싶다. '타샤'의 정원은 아니더라도 풀과 씨름하며 가꾸어 보련다. 산속에 보이는 모든 사물이 나의 우주고 그 안에 생명의 엄숙한 숨결이 있을 것이다. - 수필산방

- 수필산방
- 부쳐 봄직한 편지
- 사량
- 하사미리 가는 길
- 슬픈 옥이
- 엄마꽃
- 껍데기를 위한 연가
- 엄마의 생
- 자수
- 민들레의 기도
- 가마소

수필 산방

어느 해 봄날, 댓잎으로 지붕을 얹은 조그마한 흙집에 마음을 빼앗겼다. 잔디가 깔린 그 집 작은 마당에는 벚꽃이 눈부시게 피어 있었다. 고샅길 옆 담도 없는 곳, 단칸방 집에 반해 선뜻 발걸음을 옮겼다. 낯선 이를 경계하지 않는 주인 내외와 정담을 나누면서 차를 마셨다. 거주지는 부산인데 주말마다 이곳에서 쉬어간다고 했다. 한동안 그 황토 흙집이 뇌리에서 떠나지 않았다.

한적한 곳에 작은 쉴 곳 하나 마련하는 것이 쉽지가 않다. 수려한 풍광에 맑은 물이 흐르지 않아도 좋다. 살랑거리는 바람과 초록이 주는 평온함이 있으면 그만이다. 교외를 벗어나 마음에 점찍어 둔 자리가 지금껏 한두 곳이 아니다. 땅을 구입하려고 하면 안목도 필요하지만 여건과 상황도 따라 주어야 일이 쉬워진다. 시골에 대한 추억이 아픔만 있는 남편은 말 꺼내기 무섭게

손사래를 친다. 나이 들면 병원 가까운 곳에 살아야 한다며 들은 척을 안 하고 있다.

비밀스런 외딴 밭때기 하나 있지만 건축법이 걸림돌이라 그다지 쓸모가 없다. 이름 그대로 밭으로서 제 역할을 다할 뿐이다.

밭가의 자투리 땅을 호미로 파고 화초를 심었다. 풀이 워낙 득세해서 힘이 들었지만 꽃이라도 피면 그저 행복할 것 같았다. 겨울이 지나고 봄이 오면 내 마음이 먼저 이곳을 찾았다. 안 본 사이 진달래가 피었는지, 수선화가 졌는지 애가 쓰였다. 따뜻한 봄볕의 시간차대로 피어나는 꽃들의 향연을 안 보고는 배길 수가 없었다.

정물情物처럼 고요히 이곳의 정경들을 관조하며 쉬고 싶은 생각이 든다. 때로는 세찬 솔바람 소리를 들으며 마음에 녹아드는 글을 쓰고 싶다. 무엇을 어떻게 쓸 것이며, 사물을 어떤 시선으로 볼 것인가 고민하면서 기다려볼 테다. 보리대궁이로 촘촘히 여치집 엮듯 가슴에 움트는 문자들의 발아를 순순히 형상화시켜 보고 싶다. 바위 틈새와 외진 숲정이에서 도토리를 줍듯 글감을 구하고 겨울을 채비하는 다람쥐마냥 쟁여두고 틈틈이 기억을 소환해 본다면 좋을 듯하다.

지열로 아지랑이 아른거리면 어지럼증 같은 꽃멀미를 하게 될 것 같다. 아름다워서 슬픈, 슬퍼서 더 간절한 인생사를 껴안으며 도처에 꿈틀거리는 생명체의 진화를 지켜보고 싶다. 살아있음을 겸손해 하며 설렘으로 다가오는 일상들을 감사로 맞을 것이다.

초록으로 성장한 풋풋한 여름밤은 반딧불이를 찾아 나서보겠다. 별빛과 반딧불을 혼동할 수도 있겠지만 빛의 숨바꼭질을 꼭 해볼 것이다. 마치 잃어버린 기억의 단편들을 찾을 것처럼 두리번거리면서. 검은 물잠자리가 청록색 광택을 꼬리에 담아 날고 있다. 유년의 강변에서 내가 낚아채려던 그때와 다르지 않다. 검정 날개를 접었다 폈다 한다. 하지만 부산하지 않다. 부들잎에 앉아서 내 마음의 산란함을 가만히 끌어내려 주고 있다.

은하의 물결을 보면 잠시나마 광활한 우주를 품어 안을 수 있을 것 같다. 자연은 늘 너른 가슴으로 살라지만 내면의 자아를 들여다보면 한숨이 나온다. 그럴 때면 먼 논배미에서 들리던 처량한 악머구리의 울음을 토해내고 싶다. "왜 우냐?"고 물어올 이도 없는 산속의 방에서 절대고독과 대면하며 정좌해 있고 싶다.

상처에 진물이 나던 자가 세상과 단절하기 위해 찾아온 산은 넉넉하여 다 품어내고도 남음이 있다. 통증 부위의 화농한 고름을 짜내고 새살을 돋게 하는 힘이 있음은 물론이다. 물들어 가는 나뭇잎을 보며 성찰의 시간을 가진다면 쇠락의 의미도 깨닫게 될 것이다.

새는 계절 따라 새 둥지를 찾아 떠나지만 나는 산지기인 양 이곳을 더 품어 안을 것이다. 이 치유의 숲을 떠나지 않고 오래도록 있고 싶다. 가르마를 탄 것 같은 억새들이 넘실거리며 가을이 왔음을 알리고 있다. 계절이 깊어 갈수록 짙어지는 감국 향기로 미소가 지어진다.

뒷산에는 주인 없는 밤이 소복이 쌓여간다. 밭 끝자락에 단 한 그루 서있는 늦밤나무도 해마다 쌍동밤을 많이 맺는다. 발끝으로 이리저리 굴려가며 껍질을 벗기면 반지르르한 갈색 밤이 나타난다. 밤송이 껍질을 모아 거름더미에 옮겨 놓는다. 알밤을 내어주고 덩그러니 나뒹구는 밤 가시는 아직도 서슬이 퍼렇다. 산속에서 화풀이나 하며 앵돌아앉은 나의 자화상을 보는 기분이다. 세상을 향해 가시를 세우고 있는 나란 사람은 이렇다할 알밤 같은 글도 못쓰고, 생활을 위해 절필도 서슴지 않았다. 그 공백기는 더 춥고 서러워 애써 글을 외면하려 해도 거머리처럼 내 속에 달라붙어 있었다. 누가 '툭' 한마디만 해도 눈물이 났다.

맑고 섬뜩한 시어로 다시 창작의 불을 지펴준 정 시인詩人에게 고마움을 표하고 싶다. 그녀는 선물처럼 내게 다가와 주었고, 나를 토렴시키듯 설득하며 펜을 들 것을 권유했다. 그동안 수필동인들과 담을 높이 쌓고 사람도리를 못하고 살았다. 든든한 버팀목이 되어준 문우들을 생각하며 힘을 내야겠다. 이제는 이곳에 와서 무엇을 하든지 눈치 보지 않고 살아가고 싶다. 맑은 공기를 마시며 세상의 환독患毒을 걸러낸다면 조금씩 건강해질는지 누가 알겠는가.

축복인양 서설이라도 내리면 겸허함을 지닌 독서가로 남을 테다. 쓰기보다는 읽기를 우선하며 명상과 산책을 즐기고 무엇을 가슴에 담아 써내려갈지 심도 있게 천착해 볼 요량이다. 장담컨대 수작은 기대할 수 없을 것이기에 힘껏 글밭을 일궈보려 한다.

 봄이 오면 이 텃밭에 벚꽃 한 그루와 배롱나무 한 그루 보태고 싶다. '타샤'의 정원은 아니더라도 풀과 씨름하며 가꾸어 보련다. 산속에 보이는 모든 사물이 나의 우주고 그 안에 생명의 엄숙한 숨결이 있을 것이다. 조용히 자연과 같이 늙어가는 인생은 바람직하지만 '수필산방'이라 이름할 그 공간은 아직 희망사항으로 존재하고 있다. 하지만 이루어지지 않더라도 자족할 생각이다. 그럴듯한 방이 없어도 잠시 자연을 품고 한적함을 누리며 호젓한 사유의 세계로 빠져들 수 있기 때문이다.

부쳐 봄직한 편지

봄의 뜨락엔 제비꽃이 한창입니다. 진한 보라색 꽃을 골라 책갈피에 끼우고 무거운 돌로 눌러 놓습니다. 생화는 금방 시들어버리니 두고두고 보고자 함입니다. 식물표본처럼 될 수도 있지만 압화의 생명력은 오래 가는 것입니다.

사람의 심리는 귀하고 정한 것은 가끔씩 두고두고 들춰내 보고 싶을 때가 있지요. 내년에도 꽃은 필 테지만 그것을 바라보는 마음은 변화의 추이가 있으니까요. 현시점에서 마주하는 꽃의 의미와 느낌을 포착하여 간직하고 싶은 것입니다.

오래전 사촌오빠들과 오랜만에 친정 선산을 오를 기회가 있었습니다. 할아버지와 할머니 유택을 둘러 보는 길이었는데 목적은 뒤로 한 채 야생화에 온통 사로잡히게 되었습니다. 달력에서나 볼 수 있던 야생화가 지천에 있었으니 그럴 만도 했지요. 크지도 않고 나지막하게 땅에 붙은 듯 자리하고 있었습니다. 숨을

죽이고 가만히 들여다 봤지요. 그리운 이들이 환생해서 온 듯 기쁨이 넘쳐났습니다. 저절로 자연의 품에 안겨 들어가고 말았습니다.

저의 생일날 친구가 꽃바구니를 보내왔습니다. 장미와 백합이 한 아름 담겨 있었습니다만 그다지 예쁘지가 않았습니다. 사방화기법의 꽃꽂이가 인위적인 느낌으로 다가왔기 때문입니다. 정형화된 그 모습에 숨이 꽉 막혀 오더군요.

산중에 와 쉬면서 달라진 게 있다면 이런 모습입니다. 자연 속에 동화되어 수수한 것이 좋아졌답니다. 느긋한 마음이 되어가면서 형식에서 벗어난 자유로움이 그런 쪽으로 내몰아 갑니다. 들녘에 핀 꽃을 보면 신을 찬미하게 됩니다. 후에 저는 들꽃으로 태어나고 싶습니다. 낮은 언덕에 무리지어 흔들리며 피는 작은 들꽃으로 말입니다.

꽃에 벌, 나비가 쉴 새 없이 날아다닙니다. 자잘한 꽃과 조약돌이며 아담한 석등이 정겹게 느껴지며 마음의 평화를 느낍니다. 있는 듯 없는 듯 다소곳한 들꽃의 자세로 살 수 있었으면 좋겠습니다. 화려하게 치장했던 지난날이 부끄럽습니다. 흙담 밑에 낮게 달라붙은 작은 꽃, 그것 또한 도담하여 시선을 떼지 못합니다.

'십년연정'이라는 시를 읽었습니다. 복사꽃을 그렇게 울려 놓던 바람은 어디로 갔는지요. 저무는 해를 바라보면서 그대를 짐

지워 보내고 싶었습니다. 그러나 구태의연한 나의 기도는 매양 지속되고 있습니다. 좋은 향기와 같은 추억도 그대로 남아 있습니다.

고통 속에서도 비상할 줄 아는 그대는, 고고한 아성처럼 자존심을 지켜가는 당신은, 감성을 이성으로 절제할 줄 아는 그대는, 지금 무엇을 생각하고 계십니까?

찰나를 위해 영원을 팔고 싶지는 않습니다. 누가 그랬던가요. "찰나의 해후란 결국 기다림의 첫 장면이다."라고.

행복한 그대를 위해 기다림으로 남아 있겠습니다. 아니 그대로 인하여 나는 행복한 사람으로 남아 있겠습니다.

오늘 밤 장작더미위에 불꽃으로 보태어진 일기장이 있었습니다. 널름거리며 타들어가는 모양을 보니 허탈해졌습니다. 연극이 끝난 뒤 무대의 커튼이 내려지는 느낌이 듭니다. 대단원의 막이 내려지고 현실로 가는 차를 타야 합니다.

"푸시시" 관솔 장작이 타들어 갑니다. 아궁이에 남은 지난 시간의 잔재들이 연기로 날아갑니다. 모든 것이 사라져가고 살뜰했던 정마저도 사라져 갈 것입니다.

먼 길을 가기 위해 신발 끈을 조여 매야겠습니다. 커튼콜이 울려도 나가지 않겠습니다. 새로운 연극을 시작할 거니까요. 우리는 모두 배우이니까. 그렇습니다. 주어진 운명을 개척해 나가는 의지의 인간 말입니다.

생은 그리 기쁘지도 않고 또 슬픈 것만도 아닌 것 같습니다. 지난날을 돌아보며 이제 웃을 수 있을 것 같습니다. 그 말을 하자마자 가슴이 조금 아파 옵니다. 애달픔, 이것 또한 사람에게서 빠뜨릴 수 없는 느낌입니다.

좋은 날은 언제 지나는지도 모르게 빨리 가버립니다. 젊은 날도 봄과 같습니다. 제비꽃을 책갈피에 끼워 잘 건조되게 누름돌을 얹습니다. 짐 지어진 돌의 무게로 꽃은 가벼워져 늘 봄을 나타낼 겁니다. 비록 향기와 생기는 없을지라도 봄을 유추해 내기엔 충분하겠지요. 불쑥 솟아나려는 마음자리의 발로를 감당하려면 제 가슴에도 누름돌 하나 같이 얹어 놓습니다.

먼 훗날까지 기억의 사진틀에 남을 박제된 이 꽃잎 하나를 받아주십시오.

사량思量

사량은 생각의 양이다. '사량이 변하여 사랑이 됐다'는 설이 있다. 뇌를 지배하는 '사량'이 입으로 부르고 부르다 '사랑'이라는 어휘로 넘어 갔다는 주장이다. 그냥 추정할 뿐이다.

사랑을 하면 생각이 많아지는 것은 분명하다. 끝없는 대상에게로의 회귀가 이를 뒷받침한다. 끊임없이 떠오르는 그 얼굴과 생각들을 떨쳐낼 수 있다면야 폐부를 찌르는 아픔 따위는 존재하지 않을 것이다. 살면서 그 만큼 몰입할 수 있는 일이 결코 많지 않기에 소중한 것이다. 그래서 섣부른 판단이 될지언정 지금 사랑과 사량을 동일선상에 놓아두고 싶은 것이다.

사랑은 인간의 근원적 감정이다. 고대 그리스는 '에로스'로, 기독교는 '아가페'로. 불교는 '자비', 유교는 '인仁'으로 통용되고 있다. 세상에서 가장 흔한 말이면서 실천하기 어려운 말이다.

"사랑은 변하는 것이다."라고 말하기도 한다. 도파민의 작용으로 오는 핑크렌즈 효과가 현저히 줄어드는 현상을 나타내는 단면이다. 요즘 젊은이들은 연인과 만난 일수를 계산해 이벤트를 하며 이를 기념하고 있다. 영원한 사랑에 이르기까지 얼마나 갈 길이 먼가. 멀리 가기 위한 방편으로 서로를 격려하고 있는 것은 아닐까 싶기도 하다.

사랑은 거창하게 꿈꾸지 않아도 좋다. 물이 스며들 듯 고여 오는 그 무게감으로 감지할 수 있다. 셈하지 않는 순수한 이끌림으로 충분하다. 따뜻하게 데워진 아랫목처럼 은근히 오래가는 그런 사랑을 권하고 싶다.

사랑은 때로 예측을 불허하며 오기도 한다. 뜻밖의 사고처럼 맞닥뜨려지기도 한다. 사랑이 예정에 없는 수순이 될 때 긴박해진다. '저 사람이다'라는 감응이 올 때 인연을 떠올리는 것이다.

조각가 '로댕'의 작품인 '생각하는 사람'은 웅크리고 앉아 고개를 떨구고 있는 남성이다. 하필이면 왜 남성을 선택했을까. 어쨌든 여성보다는 남성이 사고하는데 있어 더 진중한 면이 있을 거라는 생각이 든다. 인간의 우월함은 사유하는데 기인하지만 이성이 통제 못하는 불가항력의 사랑도 존재한다.

'까미유 끄로텔'과 '로댕'은 어느 범주에 속하는지 미묘해진다. 젊고 매력적인 제자가 스승을 존경하다 둘의 사이가 가까워지자 지탄의 대상이 되어 버렸다. 남녀는 파국이 훤히 보일지라도 그때는 선택의 여지가 없었던 모양이다. 사랑은 배가되어 둘은 서서히 고통에 빠져들어 갔다. 예술가로서도 그녀는 '로댕'의 아류亞流로 취급되었고, 시대적 편견은 여자라는 이유로 점점 설 자리가 없어졌다. 사랑을 선택 받지 못한 그녀는 자괴감과 증오, 상실, 질투의 화신이 되어 점점 피폐해져 갔다.

스승의 작품에 자신의 영감과 손때를 수없이 묻히고도 늘 2인자로 비껴나가 있었던 그녀, 예술적인 이유를 들어 결국 결별했지만 '로댕'의 견제와 비평가들과의 질타와 매도를 견디지 못해 괴로워하며 병들어 갔다. 인연의 고리에 얽혀 빚어진 한 여인의 생애가 가엾기만 하다. 그녀가 했을 사랑의 분량은 과연 얼마만큼 되었을까. 자신을 좀 더 아끼는 마음을 가졌다면 그처럼 비극으로 치닫지 않았을 텐데 말이다.

아름답고 감동적인 사랑은 시대를 불문하고 우리들의 가슴을 따뜻하게 적셔주고 있다. 안동에서 발견된 '원이 엄마'의 편지를 읽으면 사백 년 전 조선시대의 애틋한 부부사랑을 엿볼 수 있다. 그런 헌신적이고 이타적인 사랑을 못해 본 나로서는 사랑이라는 고귀한 명제 앞에서 몸 둘 바를 모르게 된다.

생각은 분별과 지혜와 능력을 일깨워 준다. 그렇지만 생각 그 자체로 주저앉을 수도 있다. 예컨대 생각의 포로가 되어 끌려 다니지 말고 사려 깊은 행동을 이끌어내야 하는 것이 바람직하다. 타고난 직관으로 용이한 결정을 해내는 사람도 있지만 대다수는 본질을 이해하려 애쓰며 자신의 창의력을 발휘하려고 한다.

세상은 수많은 생각의 부유물로 인해 스트레스를 유발하고 있다. 머리를 식힌다, 바람을 쐰다는 표현은 복잡한 뇌신경의 피로도를 낮추기 위함인지 모른다. 때에 따라서 생각의 전환도 필요하다. 어떤 때는 생각의 분량보다 방향이 중요시 되기도 한다.

살아가다 보면 생각하는 사람이 되어야 하는지, 생각이 있는 사람이 되어야 하는지 혼선이 생겨 버린다. '가슴은 뜨겁게, 머리는 차갑게'라는 말이 있지만 그 의미를 곱씹는다. 어떻게 해야 좋은 생각만 하고 살 수 있을지를 묻는다. 성경적 잣대는 '무릇 내 마음을 지켜라'이다. 그 사람의 생각은 그의 마음에 있고 삶을 결정하는 것은 생각이다. 생각이 행동으로 옮겨지기에 마음이 소중하다는 뜻이다.

'아몬드'라는 책에서 십대 자녀에게 그 엄마가 '사랑'을 설명하는 글을 읽었다. 감정을 잘 느끼지 못하는 질환에 걸린 아들에게 사랑은 '예쁨의 발견'이라고 설명했다. 편도체의 이상으로 항상 무표정하던 소년은 할머니와 어머니의 사랑과 이웃의 관심으로 서서히 치유되어 갔다. 더 큰 일은 사랑받지 못해 삐딱해진 친구를 품어 안아 수렁에서 건져 올린 일이었다. 그 친구는 늘 가시처럼 소년을 괴롭혔지만 그는 무모하리만치 친구를 찾아가 상호간 감정 이입에 이르도록 했던 것이다.

나는 그런 환자가 아님에도 사랑에 대해 심도 있게 다가서지 못하고 살고 있다. 외양만 그럴싸하게 사랑인 척했을 뿐이다. 마음에 품고 있는, 그래서 머리가 온통 지배하고 있는 나의 생각은 대체 무엇인가. 오늘도 사량과 사랑의 어원에 고심하면서 사유의 끈을 놓지 못하고 있다.

창밖은 비 갠 하늘이 푸르러 눈이 부신다. 초록잎은 더욱 짙어져 한들거린다. 오늘, 지금이 사랑하기에 좋은 날이 아닌가.

하사미리 가는 길

삼십 년도 더 전, 나는 태백에 있었다. 어둠이 일찍 내린 11월의 밤은 추위가 이만저만이 아니었다. 기차를 타고 오다가 보니 김장하는 아낙들이 더러 보였다. 남쪽지방과는 달리 강원도는 이미 겨울의 중심부에 들어온 듯 을씨년스러웠다.

톱밥 난로위에 주전자가 하얀 김을 내고 있는 다방에서 뜨거운 엽차를 마셨다. 따스한 온기가 폐부를 적셨지만 마음은 낯선 곳에서 보낼 하룻밤을 걱정하고 있었다.

누가 등 떠밀어 온 것도 아닌데 불안한 마음이 들었다. 허름한 여인숙에 방을 정하고 앉았는데, 삭풍이 문틈 사이로 들어와 윗자리를 차지했다. 방바닥은 사람 덕을 보려고 온기도 없었고 너저분한 이불깃 여미다가 날이 새버렸다.

목적지는 태백시 하장면 하사미리 산 7번지 '예수원'이었다. 어느 잡지에서 이곳을 소개한 기사를 읽고 메모해 둔 것이 이곳으로 향하게 했다.

시외버스를 타고 하장면에서 내려 길을 물어가며 걷고 있었다. 인적 없는 외딴 길을 걷자니 조바심이 났다. 물이 바싹 마른 개울을 지나 자갈길을 가며 이런저런 생각이 수없이 교차됐다. 왜 이 낯선 곳을 가고 있는가? 무엇을 얻고자 함인가?

도망치듯 도시를 벗어나왔지만 세상 짐을 지고 온 탓인지 발걸음이 무거웠다. 된비알을 지나니 노거수 우거진 숲이 펼쳐지고 또 걷다보니 은사시나무숲이 햇볕에 반짝이며 반기는 듯했다. 한참을 걷자 우듬지 높은 침엽수림 사이로 희끗한 건물이 보였다.

예수원은 1965년 '대천덕' 신부님이 건립한 성공회수도원 공동체였다. 이국적인 건축양식이 먼저 시선을 끌었다. 이곳은 초대교회처럼 자급자족하며 신앙생활에 기초를 두고 운영되고 있었다. 상주하고 있는 분들이 꽤 많았던 걸로 기억하고 있다. 농사도 직접 짓고 양을 기르는 목장도 가까운 곳에 있었다. 목수님들이 여러 가지 목공예품을 제작하고 있었는데 대부분 성물들이었다. 검소하고 청빈한 생활은 매일 한 끼 분식하는 것만 봐도 짐작이 갔다.

신부님은 미국에 가시고 부재중이셨다. 수녀님과 다락방에서 면담을 했는데 거기서 고뇌의 눈물보따리를 풀어헤쳤다. 위로의 말씀에 안도감이 들면서 급격한 피로가 몰려왔다. 그날 밤은 참으로 오랜만에 숙면을 취했다.

  산속의 은둔자들이 세상을 위하여 기도하는 모습을 보면서 큰 울림을 받았다. 사회적 약자들을 위하여, 병자들을 위하여 드리는 중보기도는 믿음의 사닥다리를 타고 분명 하늘에 닿았을 거라 여겨졌다. 십자가의 길 14처를 돌아보며 작은 결단을 하였다. 이타적 삶을 사시는 그분들을 보며 여태 지고 온 등짝의 짐을 슬금슬금 내려놓기 시작했다.

  한 방을 같이 쓴 여자 분은 교사였다. 이성간의 문제로 왔다고 했는데 기도하며 생각을 정리해 보고자 이곳을 택했다고 했다. 어떤 고민이 되었건 이곳에 온 이유는 다 한가지로 귀결되었다. 객관적인 시각으로 자신을 성찰하기 위함이 아닐까 여겨졌다.

  삶은 예고도 없이 문제를 던져주고 외면해 버린다. 고군분투해 보지만 해결의 기미가 보이지 않는 문제들이 있다. 기다림만이, 희생만이 선한 답이라고 단정지울 수 없어 자문을 구하듯 찾아든 곳이 그곳이었다. 세상과 전혀 다른 느낌의 그곳은 욕심도 없고 경쟁도 없어 보였다. 오로지 예배와 기도와 봉사 그리고 섬김이 있을 뿐이었다. 하루 다섯 번의 예배시간, 종이 울리면 종교가 있든 없든 또 종파를 따지지 않고 그 자리에 모여 미사를 드렸다.

  다음날, 동해를 보러 몇이서 산 정상을 향했다. 추운 밤을 견딘 겨울 산이 우우 소리 내며 울고 있었다. 아름드리나무가 부르르 떨며 잔가지 위의 눈꽃을 떨궈냈다. 내 시름도 눈꽃처럼 떨궈내고 싶었다. 동쪽 하늘은 선홍색으로 신비하게 물들어 있고 바다는 엊저녁 마실 나간 태양을 불러내느라 분주해 보였다.

예수원을 떠나면서 받았던 책과 나무십자가가 삼십 년이 넘었다. 한번 다시 가보리라 다짐했는데 세월이 그렇게 지나갔다. 신부님이 쓰신 '산골짜기에서 온 편지'만 '신앙계'를 통하여 읽었다.

삶은 때때로 파도타기를 한다. 신명나서 환호를 하다가 일순간 곤두박질하여 허우적거린다. 그렇게 다시 일어서고를 반복하여 지금은 삶을 관조하는 여유가 조금이나마 생겼다.

고통은 인생의 간을 맞춰주는 역할을 했다. 온통 허점투성이인 나를 채워가게 했고, 씨실과 날실로 삶을 다시 직조해 나가게 했다.

허허롭던 그 시간들을 돌아보며 나도 누군가를 보듬어주라는 사명을 느끼게 된다. 가슴은 아직까지 한 치도 넓어지지 않아 품어내지 못하고 있다. 언제 받은 것을 되돌려 줄 수 있을지 마음이 무겁고 아득하다.

젊은 날, 고뇌한 흔적이 화인처럼 찍혀있을 하사미리 가는 길. 겁도 없이 터벅터벅 걸었던 그 길은 순례자의 길이었다. 타는 목마름으로 손을 내뻗는 구도자의 길이었다.

슬픈 옥이

아궁이에서 허겁지겁 재 묻은 책가방을 꺼냈다. 마침 불이 꺼져 있어 망정이지 서러운 마음에 훌쩍거렸다. 엄마는 번번이 나에 대한 책망을 그렇게 했다. 공부를 안 하거나 만화책을 보다 들키면 어김없이 체벌을 가했다. 책가방과 만화책은 그 후로도 여러 번 아궁이 속으로 던져졌다.

"우리 클 때는 공부하고 싶어도 못했다. 일만 죽으라고 시켜서."

회초리를 때리며 하시던 말씀이다

그즈음 또래 아이들에게는 '팔자 꼼', '못 잊어 빵', '만화책'이 유혹의 대상이었다. 용돈만 생기면 그 세 곳을 전전했다. 놀이는 땅 따먹기, 고무줄놀이, 공기놀이, 공치기 등이었다. 아이들과 놀다보면 왜 그렇게 좋은지 시간 가는 줄 모르고 빠져들었다. 저녁 나절이면 엄마나 할머니들에게 끌려가는 모습들이 가관이었다. 머리를 쥐어 박히는 아이가 있는가 하면 등짝을 철썩 맞는 아이도 있었다. 그래도 흥이 덜 풀린 아이들은 '금강산 찾아가자 일만 이천 봉'을 연신 불러대며 갔다.

고무줄 놀이를 빗대어 어느 할머니가 혀를 차시며 말씀하셨다.

"아이고 망측해라, 가랑이 사이로 바람 들어 가라고 다리는 쩍쩍 벌려쌌나!"

"신을 못 닳꽈서 난리다 난리."

저녁을 먹고 숙제를 하려고 앉은뱅이 책상에 앉는다. 공부에 집중하기까지 무척 시간이 걸린다. 이것저것 챙기면서 서랍 정리한다고 괜히 문을 여닫고 연필을 깎는 둥 일을 벌이고 있다. 여하튼 공부하기 싫다는 뜻이다. 멍하니 앞을 보다가 책상위에 놓인 두꺼비 저금통에 시선이 꽂힌다. 세 자매가 같이 동전을 모으는 저금통이다. 들어보니 무쭈룩하다. 살랑살랑 흔드니 '짤랑짤랑' 소리도 경쾌하다. 자꾸만 '슬픈 옥이'의 다음 편이 궁금해져 견딜 수가 없다. 나도 모르게 쇠꼬챙이로 두꺼비 밑바닥을 긁기 시작한다. 붉은 점토가루가 떨어지며 구멍이 커지고 있다. 놀란 두꺼비의 눈이 연신 껌벅거린다.

만화방은 아이들로 가득하다. 긴 의자 한 쪽에 앉아 코를 훌쩍거리며 다들 만화책에 파묻혀 있다. 만화책은 시리즈로 번호가 매겨져 나온다. 재미있는 만화는 다음편이 나오기까지 눈이 빠지도록 기다려도 순번이 빨리 돌아오지 않는다.

여자아이들은 대체로 순정만화를 좋아한다. 민애니, 조태선, 엄희자 작가의 만화가 인기 최고다. 요새로 치면 얼짱, 몸짱 여주인공이 등장하고 언제나 예쁜 장미꽃이 책장마다 그려져 있다.

그날도 만화방에서 '슬픈 옥이'를 읽으면서 소리 없이 울고 있었다. 그런데 누가 내 앞을 가리고 있다는 답답한 느낌이 들었다. 긴 월남치마 자락이 보였다. 불안한 마음으로 고개를 든 순간 험상궂은 인상으로 엄마가 턱 버티고 서계셨다.

집에 들어서자마자 싸리 빗자루가 바빠졌다. 동생들은 한 쪽 구석에서 내 눈치를 보고 있었다. 엄마가 만화방을 어떻게 알았는지, 두꺼비 저금통 밑바닥은 누가 일러 바쳤는지 의문 사항이었다.

아무리 생각해도 친엄마라면 그럴 수 없다. 어린 마음에 상처를 입었다. 툭하면 달력에 있는 여자를 보고 "너 친엄마다"며 찾아가 보라고 했다. 다리 밑에서 주워 왔다는 소리를 곧잘해서 긴가민가했다. 저 여자는 날 버리고 달력에서 왜 웃고 있나 싶어 째려 보기도 했다. 외할머니가 오시면 진짜 엄마를 물어 봐야겠다며 별렀다. 그러나 가끔 친엄마라는 생각이 들 때도 있긴 있었다. 새옷 사줄 때와 따뜻하게 날 안아줄 때가 그랬다.

슬슬 만화가 보고 싶어졌다. '슬픈 옥이' 뒤편은 어떻게 됐을까? 가슴이 탕약 달이듯 타들어 갔다. 이제 만화책 보기는 다 틀린 노릇이었다. 돈줄이 막혔기 때문이다. 두꺼비 밑바닥을 긁어 낸 뒤로는 부스럭 돈도 주질 않았다.

'슬픈 옥이'는 발레리나에 관한 만화다. 그림이 예뻐 좋았고, 친엄마와 새엄마가 등장하는 가족사가 슬펐다. 시샘과 질투가 여자들 생리인 만큼 빠지질 않았다. 만화방 문밖에서 포스터만 보고 있는 날이 많아졌다.

외할머니에게 벼르던 질문을 했다.
"할매! 우리 엄마 진짜 엄마 아니지?"
"야가 뭐라카노?"
"엄마가 달력에 있는 여자가 우리 엄마라 안 카나!"
참았던 눈물을 쏟았다.
"그런 소리 마라. 내 눈으로 너 놓을 때 지켜봤다."
울다가 웃었다. 웃다가 울었다.

틈만 나면 종이에 옥이를 그렸다. 책과 공책의 여백에도 어김 없이 옥이는 있었다. 보다 못한 엄마가 책과 공책을 또 아궁이에 던져 넣었지만 전처럼 무섭지 않았다. 나는 언제든지 옥이를 그려낼 수 있기에 용감해졌다

세월이 흘러 동생들이 만화책에 빠졌다. 읽을거리도 나이에 비례하는지 주변에 만화책이 쌓였지만 거들떠보지 않았다. 엄마도 돌아가시고 뭐라는 사람도 없는데 흥미가 없어졌다.

어린 동생을 두고 엄마는 저 세상으로 가셨다. 내게 혹독하게

하셨던 이유를 알 것 같다. 맏이였기에 강하고 바르게 키우고 싶으셨을 것이다. 당신 몸이 항상 아픈 탓에 운명을 감지하신 것 같았다. 나는 그야말로 만화의 주인공 '슬픈 옥이'가 되어 있었다.

　세월이 흐른 뒤 어느 날, 느닷없이 옥이가 궁금해졌다. 인터넷 검색에 들어갔다. 낡은 만화책의 표지에 옥이 얼굴이 보였다. 옥이가 긴 머리를 늘여뜨린 채 웃고 있었다. 나도 모르게 탄성이 흘러 나왔다. 내 어릴 적 오감을 다 일깨워 주던 문제의 책, 엄마 속은 어지간히 태웠지만 내겐 그리운 책이었다.

　＊ '슬픈 옥이', 조태선 작

엄마꽃

엄마는 꽃이죠, 아주 예쁜 꽃.
향기로 스며들어 우리를 길렀지요.
내 가슴에 가만히 꽃씨 하나 내밀고는,
이제 먼 길을 떠나시려 하네요.

흰색으로 필 때는 며느리 꽃,
분홍으로 필 때는 아내 꽃,
빨강색으로 필 때는 엄마 꽃이죠.

엄마는 꽃이죠, 아주 예쁜 꽃.
닮은 꽃을 피우려고 참는 힘을 길렀지요.
까만 꽃씨를 엄마인 듯 보다가
어느 새 눈물이 흘러내립니다.

주황으로 필 때는 누나 꽃,

남색으로 필 때는 언니 꽃,

노랑으로 필 때는 딸 꽃이죠.

    우리 동네에서 주최한 '봉림동 책이 있는 음악회' 행사가 장애인 복지관에서 열렸다. 식순 중에 창작동요를 부르는 순서가 있었다. 그때 불렀던 노래가 '엄마 꽃'이었다. 곡은 퇴직하신 '고승하' 교장선생님이 만드셨고, 노래는 지방 가수 '김산' 씨가 불렀다. 나는 가사를 쓴 사람으로서 참석해서 인사를 하게 되었다. 중증 장애자 어머니들이 많이 참석하셨는데 그분들을 위로해 주고 싶었다.

    "이 세상의 모든 어머니를 사랑합니다. 그 어머니의 어머니를 사랑합니다. 우리가 존재하기까지 희생하신 이 세상의 모든 어머니를 사랑합니다." 라고 짧은 인사를 대신 했다. 그 인사말은 언젠가 TV에서 여자 탤런트가 했던 말이었지만 꼭 그 인사를 해 주고 싶었다.

    내가 이 동요의 가사를 쓸 때는 새어머니가 췌장암 말기 상태였다. 병환이 위중하셔서 입원해 계셨다. 죽음의 어두운 그림자가 우리 가족 곁을 힐끔거리고 있었다. 새어머니에게 내 마음을 알리고 싶어서 급한 마음에 휴대폰으로 문자를 보냈다. 그 문자 내용이 위의 가사다.

나에게는 두 분 어머니가 계셨다. 생모와 새어머니다. 16살 때, 생모는 병환으로 돌아가셨다. 생모가 혼수상태로 병원에 입원해 계실 때 가망이 없음을 가족들은 인지하고 있었다. 집안에는 죽음 옷 만드는 발틀 소리가 달달거리며 났다. 그 와중에 친척들은 아버지의 혼처 이야기를 하고 있었다. 억장이 무너졌고 어른들이 야속하기만 했다. 아직 살아있는데 왜 그 얘기를 하느냐고 울부짖었다. 미싱 바늘이 내 가슴을 꼭꼭 찌르며 지나갔다. 사태의 심각성을 알았는지 모두 쉬쉬하며 입을 다물었다. 혼사 이야기는 잠시 수면 밑으로 가라앉았다.

결국 일주일 만에 엄마는 하늘나라로 가셨다. 살림은 고모님 두 분이 번갈아가며 했다. 아버지는 상처한 지 6개월 만에 젊은 새어머니를 맞았다. 할아버지도 계셨고, 어린 동생이 넷이나 있어 어쩔 도리가 없었다. 내 심사는 비비 뒤틀려갔고 독기를 뿜었다. 아버지가 새엄마에게 잘해 줄 때마다 친엄마 때와 비교하며 원망했다. 상실의 고통과 새어머니와의 떨떨한 관계 그리고 막내 동생의 애타는 울음소리가 나를 옥죄어 왔다. 다섯 남매는 사춘기가 지나갈 때마다 소란스러웠다.

예전 엄마는 우리에게 소통의 통로였다. 어려울 것도 없고 못할 말도 없는 대상이 엄마였다. 한 사람의 부재가 가족에게 미치는 영향은 말로 다 표현할 수가 없었다. 혈액순환이 안 되어 동맥경화가 생기듯 곳곳에서 삐그덕거리는 소리가 났다. 눈에 눈물 마를 날이 없었다. 아버지와 관계는 어렵기만 했고, 벽을 보는 것 같았다.

새어머니와 아버지, 우리의 관계회복은 많은 시간을 필요로 했다. 데면데면 지내다가 실컷 고생을 해보니 같은 여자로서 안됐다는 생각이 들었다. 미장원을 경영하며 고생만 하고 계신 터라 마음이 쓰였다. 모처럼 찾아간 친정에서 남동생에게 내 마음을 얘기했다. 남동생은 말없이 부엌으로 가서 새어머니의 손을 잡고 내게 왔다. 새어머니와 셋이 한 자리에 앉았다. 무거운 심정으로 속마음을 털어놨다.

"엄마! 미안해요. 진작 속마음을 전해야 했는데 쑥스러워 세월만 보냈어요."

누가 먼저랄 것도 없이 셋이서 끌어안고 한없이 울었다. 그 후부터 조금이나마 마음이 편해졌다.

아버지가 돌아가시고 꼭 열 달 만에 새어머니도 뒤따라 가셨다. 항암제를 맞고 음식도 못 드신 채 잿불 사그라지는 것처럼 떠나셨다.

"우리 큰딸이가?"

전화를 드리면 반갑게 받아주셨는데 하늘이 야속했다. 엄마 복이 지지리도 없다고 신세 타령을 쏟아 놓았다.

텅 빈 집에서 딸네들이 세간을 정리했다. 한 생애가 지나는 동안, 남은 건 추억과 그리움과 미용도구와 살림살이들이었다. 손

때가 묻은 가위와 고데기를 우리 집에 보관하고 있다. 좀더 살갑게 대해주지 못한 것이 마음에 가시가 되어 걸린다. 가족은 만들어져 가는 것이라고 어느 입양인은 말했다. 낳아준 것만으로 가족이 되는 것은 아니고, 가슴으로 키워내는 인내와 희생이 가족을 형성하는 것이라 생각해 본다.

평생 엄마를 부르며 산다. 넘어져도 엄마, 힘들어도 엄마, 놀라도 엄마를 외친다. 하늘의 엄마들에게 들린다면 귀가 얼마나 아플까.

해마다 오월이 되면 두 엄마가 생각난다. 엄마꽃으로 다가와 집안을 환하게 해준 그분들에게 사랑하는 마음을 전한다. 나의 엄마가 되어 주셔서 고맙다며 푸른 오월의 하늘을 우러러 본다.

껍데기를 위한 연가

사계의 끄트머리인 겨울이다. 한갓진 겨울산은 짙은 음영의 암갈색이다. 단풍이 진 자리에 켜켜이 고독이 머물고 있다. 마른 덩굴들이 나무를 휘감아 휘장을 드리운 듯하다.

"졸졸" 어디서 물소리가 들려온다. 주위를 살펴도 개울은 없는데 낙엽무더기만 수북 쌓여 있다. 낙엽을 들추니 얕은 얼음장 밑으로 실타래 같은 물이 흐른다. 막대기로 얼음을 깨고 휘적거리니 젖은 나뭇잎이 연거푸 수면위로 떠오른다. 일찍이 본적 없는 고운 문양의 잎들이 서로 엉켜 나온다. 그 중 하나를 물에 헹구어 들고 신비스러운 형체에 사로잡힌다. 잎의 면은 없고 잎맥과 테두리만 남아 마치 잠자리 날개를 보는 듯하다. 나뭇잎의 살점들은 어디 갔는지 보이지 않고 산골짜기에는 잠자리의 날갯짓만 가득해져 가고 있다.

물살을 자꾸 일렁거려본다. 그물 모양의 잎들이 떠오르다가 아래쪽으로 흘러간다. 자기 것을 다 내어주고 떠나는 순례자의 행렬이 저런가 싶다. 나뭇잎의 성근 올 사이로 바람이 넘나든다. 그물에 걸리지 않는 바람이 여기에도 산재하고 있다.

까만 도화지에 박제된 모습으로 나뭇잎 문양을 간직하고 있다. 욕망으로 치닫던 독한 뱀의 허물로도 보이고 삶의 길목에서 흐느적거리며 벗어던진 내 꿈의 실루엣 같기도 하다.

어머니를 여의고 난 뒤, 친척어른이 "알맹이는 여기 소복이 남겨두고 니 껍데기는 어디 갔노?" 하시며 침통해 하셨다. 어린 알맹이만 소복 남겨두고 간 껍데기를 눈물로 찾으시는 거였다. 남동생의 입학식 날 어머니의 영구차가 고향으로 출발했다. 가슴에 손수건을 단 아이는 육촌 누나 손을 잡고 학교로 갔다. 그 뒤로 슬픔에 관하여, 어머니의 부재에 관하여, 우리 형제들은 한 번도 이야기를 한 적이 없다. 불문율처럼 금기사항이 되버렸다.

어머니의 일생은 어쩌면 성긴 나뭇잎과 같았다. 없는 집 맏며느리로 어른 봉양하며 산다는 게 녹록하지 않았을 것이다.

할아버지께서 두통에 시달리시면 꼭 찰밥을 지어 드렸다. 배, 사과가 항상 할아버지 방 서랍장 안에 숟가락과 함께 놓여 있었다. 치아가 안 좋으셔서 긁어 드시라고 준비해 놓은 것이다. 편한 옷을 입고 있다가도 어른께서 귀가하실 시간이 되면 어머니는 긴 치마로 갈아입었다.

사랑이 많으셨던 어머니는 걸인이 와도 상을 차려 대접하셨다. 전후 상이군인들이 장애를 얻고 그 울분을 달래지 못해 험악했던 시절이 있었다. 국가가 제대로 된 보상을 못해 거리로 내몰리게 되었다. 지금 같이 의족이나 의수가 별반 없었기에 자신을 비관하고 학대하며 자포자기 상태인 젊은이가 많았던 걸로 안다. 다른 집들은 대문을 걸어 잠그고 하던 시절이었는데 어머니는 그러지 않으셨다. 아버지가 장애자였기에 그 심정을 누구보다도 더 이해하셨다.

어머니는 홀시아버지 모시고 일곱 자녀를 키우며 장사하느라 당신 몸을 돌볼 사이가 없었다. 자주 몸이 편찮으셨고, 마흔셋의 나이에 생의 끈을 놓았다. 섬기고 베풀던 당신 자신은 허물어 내리고 닳아서 가볍고 마른 낙엽이 되어 갔다. 물살에 씻겨 바람이 숭숭 **빠져나간** 성긴 올의 문양이 어머니의 실상으로 보였다.

대문을 열고 어머니가 곧장 들어오는 환상에 자주 시달렸다. 정신을 차리면 현실 속에서 어머니의 부재를 못견뎌했다. 동생들 손을 잡고 이모댁을 드나들었다. 꿈결처럼 들리던 어머니의 음성은 이모 목소리였다.

허위허위 산길을 오른다. 굽이진 길목이 삶을 연상시킨다. 나는 생의 어느 지점을 통과하고 있을까. 거머쥔 욕망의 짐을 내려놓고 가벼운 걸음을 걷고 싶다. 주위를 돌아보며 한 걸음 더 애린한 마음으로 다가서서 꿈과 희망을 이야기하고 싶다. 우리는 꿈의 곁가지에서 낙엽처럼 떨어져야 함을 알고 있으며 대지를 품고 사라져야 함을 알고 있으므로.

겨울 산이 은빛 수염을 한 노인같이 아름다워 보인다. 골짜기마다 생명을 잉태하고 살아있음을 환호하고 다음 세대를 준비하고 있다. 한 세대가 물러가면 또 한 세대가 왕성해지고 껍데기는 소멸하고 그 알맹이가 주역이 되는 것이다. 이 엄숙한 생명의 순환을 보고 있으면 허투루 살지 말아야겠다는 책임이 생긴다.

저 낙엽더미 속에서 곧 춘란이 땅을 헤집고 나올 것이다. 얼마 지 않아 해맑은 대궁이가 뻗어 나오고 은은한 난향이 실리겠지. 그리운 사람들은 다 흙으로 돌아가고 그들의 환영처럼 또 한 생명이 움트는 것을 기다리고 있는 것이다. 자연의 섭리와 선순환 속에서 숙연해지는 마음이 든다. 개울 가녘에 있던 돌이끼의 축축함이 지금 내 눈가로 번지고 있다.

엄마의 생

아궁이에 불을 때다 솔갈비의 위력에 당했다. 불길이 활활 고래 쪽으로 잘 타들어 가다가 굴뚝에서 바람을 탔는지 화력이 한순간 훅 앞으로 나와 버렸다. 머리카락 타는 냄새가 진동했다. 널름거리는 불길을 피하려다 뒤로 벌렁 나자빠지고 말았다.

"아이고! 이눔에 불이 아 쥑이겠네."

찬물을 머리에 흩뿌리면서 엄마는 얼른 나가라고 내 등을 떠밀었다.

"지금 안 해도 나중에 실컷 한데이. 여자 팔자는 질들이기 대로 있다."

넋두리처럼 말하셨다. 톱밥과 장작, 보릿대, 깻단, 청솔가지 등 숱하게 불을 때봤지만 이렇게 놀라긴 처음이었다. 벌겋게 달아오른 이마 위로 뽀끌뽀끌 불에 그슬린 앞머리가 흉하게 거울

속에 비치고 있었다.

안동 금곡동 서당골이라는 동네에 살았다. 문화주택이라고 불리는 양옥임에도 그 시절에는 부엌에 불 때는 아궁이와 연탄아궁이가 공존하고 있었다. 엄마의 주된 공간에는 반지르르 윤이 나는 가마솥이 걸려있고, 아버지가 드실 한약재가 약탕관에 봉인된 채 연탄불이나 숯불위에 끓고 있었다.

생각해 보면 사람의 기억이라는 것은 까맣게 끊어졌다가도 살며시 되살아나는 창고 같기도 하다. 어느 때는 가마솥 누룽지 긁는 소리가 들려오는가 하면, 뱀 때문에 기함하던 광경들이 스쳐 지나간다. 아버지는 그때 유난히 창백하고 야윈 모습이셨다. 나중에 들은 이야기지만 결핵을 앓고 계셨다고 한다.

가마솥에 장작불이 타들어 가고 물이 쐐쐐 끓고 있었다. 밀가루 자루 안에 넣어둔 뱀이 꿈틀거릴 때마다 내 비명소리는 커져갔다. 엄마는 이것만 자시면 독한 병이 떨어져 나갈 거라는 믿음으로 정성껏 달이셨다. 그때만 해도 결핵은 부부의 합방을 만류할 정도로 민감한 병이었다. 그 통에 딸만 내리 다섯인 엄마는 눈치구렁 신세가 된 셈이었다. 아들손주만 기다리는 시어른들 비위 맞추랴, 남편 병시중 들랴, 아이들 치다꺼리며 살림살이에 지쳐갔을 엄마를 생각하니 짠한 마음이 든다.

지겹기만 하던 김치국밥, 시래기국이 겨울 주된 메뉴였다. 간혹 호미처럼 등이 굽었다고 이름 붙은 호메이 고기가 상에 오르는 날은 성찬이었다. 무를 쑹덩쑹덩 썰어 넣고 끓인 쇠고기국은 어쩌다 손님이나 와야 멀건 국물을 맛볼 정도로 그 시절은 어려운 살림살이였다.

 어느 날 정지 한 구석에 큰 항아리가 놓여 있는 게 보였다. 그 다음 날에는 온종일 항아리 가에 왕겨가 둘러 쌓인 채 잔불이 붙어 있었다. 며칠이 지나도록 그 상태가 유지되었는데 불이 사그라졌나 싶어 후벼보면 속에 빨간 불이 빠끔히 살아서 내다보고 있었다. 궁금해서 물어보면 '석감주'를 만든다고 대답하셨다. 색이 불그레한 단술인데 엄마 친구 분들이 오셔서 맛을 보고 감탄해 하던 모습이 떠오른다. 요즈음은 보온밥솥이 있어 엿기름으로 단술 만들기가 수월하다. 옛날, 석감주는 힘들게 4~5일씩 불뜸을 들여 발효를 시켜야 했기에 큰 마음 먹지 않고는 할 수 없는 음식이었다.

 또 안동식혜를 겨울철에 잘 만들어 주셨는데 맛이 칼칼하면서 달콤하고 매콤한 맛이 일품이었다. 무를 골패 쪽처럼 썰거나 채 썰기를 한 후에 고춧가루 우린 물과 엿기름 물에 밥을 지어 넣고 생강즙과 볶은 땅콩을 섞은 후 이불을 덮어 방안에서 삭히면 식혜가 되었다. 식혜와 석감주는 그 후로 다시 맛볼 수 없는 두고 두고 그립기만 한 음식이 돼버렸다.

 엄마 얼굴에 그늘이 드리워진 때는 다섯 살배기 여동생을 잃고 난 후부터였다. 방학을 맞아 고모댁을 다녀오니 온 집안이 어둛게 가라앉아 있었다. 안방에 들어가도 엄마는 누운 채 반응이 없었다. 아랫목에 있어야 할 동생이 보이지 않았다. 이불을 들춰봐도 빈공간만 있을 뿐이었다. 그동안 몸이 아파 늘 아랫목에 누워있던 아이였다.

"니 동생은 하늘나라로 갔다."

힘없는 엄마의 목소리가 들렸다. 순간, 머리에서 별똥별이 흘러내렸다. 등에 업고 산등성이를 가로 질러 보건소에 다닌 건 나였다. 내가 없는 그 사이에 없어지다니 믿기지 않았다. 보건소에 갈 때마다 동생이 축 늘어져 포대기가 쳐져 내렸다. 치받아 올릴 때마다 힘에 겨워 손깍지에 힘을 주던 일이 떠올랐다. '이질'이 사인이었다. 그 뒤 엄마는 우리에게 맨날 마늘을 구워 먹였다. 장이 튼튼해지라고 그랬던 모양이다. 자식 둘을 같은 병으로 보내고 궁여지책으로 마늘을 생각해 내셨다.

집안 아저씨와 아버지가 동생을 지게에 지고 산으로 향했다고 들었다. 옹기에 넣어 매장을 했지만 엄마는 장소를 모른 채 당신 가슴에 묻었다. 그 아이를 보낸 후 기다리던 남동생을 낳았다. 어르고 달랠 때 부르던 엄마의 노래가 생각난다.

"알강 달강 서울 가서 밤 한 가마 사왔는데 정지 간에 묻었더니 생쥐란 놈이 들락날락 다 까먹고 딱 한 톨 남았는데, 껍데기는 아무것이 주고 알맹이는 니캉 내캉 나눠 먹제이."

집안에서 제일 먼저 일어나 따뜻하게 물을 데우시던 엄마, '가

강'하며 열리던 가마솥뚜껑 소리, 보리밥 위에 폭 쪄진 사발된장 맛이 그립다.

 커서도 엄마를 위해 자진해서 밥을 지어 본 일이 없다. 늘 몸이 아파 시키니 마지 못해 한 것 밖에는. 입이 툭 튀어 나온 채 그릇 소리를 일부러 크게 내며 건성으로 하는 시늉만 냈다. 엄마는 항상 미안해 하시며 "네가 엄마 복이 없어서 고생이 많다"고 다독이셨다. 그런 엄마가 갑자기 떠나신 후 나는 가슴을 치고 살았다. 착한 딸이 못되어 미안하고 죄송스러웠다.

 세월을 돌이킬 수 있다면 안동에 있던 엄마의 정지에 가서 잘 마른 솔갱이로 불을 지펴 찰진 밥 한번 공손히 지어 드리고 싶다.

자수

여자 혼주 두 분이 나란히 입장한다. 아들, 딸을 잘 길러 예를 올리는 자리다. 갖가지 꽃들이 혼주의 한복 소매와 깃에서 예쁘게 피어난다.

요새는 안사돈끼리 색깔만 다를 뿐 같은 디자인과 옷감으로 옷을 지어 입는다. 소매 끝동이나 동정의 깃 부분, 두루마기의 가장자리 등에 살포시 수가 내려앉는다.

폐백 시 입는 신부의 활옷은 화려함의 극치를 이룬다. 다홍색 비단에 연꽃과 모란꽃, 십장생을 수놓아 황홀하기 그지없다. 원래 활옷은 왕비가 입던 대례복이었는데 조선 중기를 지나 서민의 혼례복으로도 사용하게 되었다.

고미술품 상가를 기웃거리다가 예사롭지 않는 물건을 봤다. 옛날 베개가 쌓여있어 눈길을 끌었다. 몰입하여 구경하는 모습을 본 주인이 나와서 안내를 했다. 모본단 베개는 반가에서 사용하던 거란다. 베갯모에는 원앙과 사슴, 꽃수가 놓였고 다른 베갯모에는 '복'을 놓은 수가 앙증맞았다. 여러 개를 포개 놓으니 공간적 배치가 돋보였다. 조바위, 가위집, 돈주머니에도 꽃과 나비를 새록새록 수놓았다.

바느질과 수는 옛 여인들에게는 필수항목이었다. 새 며느리를 들이면 시어머니가 바지저고리감을 내놓으면서 옷을 지어내라고 했다. 솜씨가 없으면 구박을 받을 만큼 흉이 컸다. 층층시하에서 그 많은 흰옷 빨래와 농사일, 길쌈과 바느질, 육아에 치여 어떻게 살았을까 싶다.

외가에 가면 한 쪽 벽면을 덮는 큰 보가 있었다. 장롱이 귀하던 시절, 벽에 걸린 옷을 가려주는 보褓였다. 대나무에 참새가 앉아있고 나비와 벌, 모란꽃이 화려하게 수놓인 횃댓보였다. 방에 누워 쳐다보면 마치 꽃밭에 와 있는 느낌이 들었다. 막내 이모가 수를 놓은 것인데 그때는 처녀가 시집갈 때 직접 수를 놓아 수예품을 만들어 갔다.

고등학교시절, 옆방에 세든 아줌마가 동양자수를 놓으셨다. 미군과 국제 결혼한 여자 분들이 병풍과 액자 등을 맞춰 갔다. 그때는 병풍이 유행이었다. 소나무, 매화, 목단꽃을 좌우 양손을 다 쓰면서 수를 놓는데 민첩한 손놀림이었다. 아줌마가 손을 특별히 관리하던 것이 생각났다. 비단실을 만지기 위해 손이 거칠면 안 되기 때문이었다. 은근히 나에게 자수놓기를 권했는데 진득하게 앉아서 수를 놓을 자신이 없었다. 잠시 앉아 따라하는데도 엉덩이가 들썩거려지는데 도저히 자신이 생기지 않았다. 섬세한 작업인데 덜렁거릴 나이라 그랬던 것 같다. 이상하게 그때는 심드렁했는데 나이가 드니 왜 자꾸만 자수가 좋아지는지 알 수가 없다.

몇 년 전, 다리 수술 후 육 개월 정도 꼼짝을 못하고 집안에 들어박혀 있었다. 심심해서 소일거리를 찾다가 천 조각에 도안도 없이 멋대로 수를 놓았다. 광목천을 손바느질로 기워서 가장자리에 수를 놓은 꽃방석, 베갯잇이 여럿 생겨났다. 무슨 까닭인지 꽃만 애타지게 수를 놓았다. 우울하고 갑갑한 심정이 조금 풀어지는 것을 느꼈다. 곱고 화사한 꽃을 보면서 내 마음도 통증에서 한 발짝 해소되는 것 같았다.

요즈음은 프랑스 자수가 유행하고 있다. 젊은 주부가 배워 인테리어 소품으로 집안을 꾸며 놓은 것을 보았는데 감탄이 나올 정도로 훌륭했다. 침침한 눈만 아니면 배워보고 싶었는데 괜한 욕심일 것 같아 시도를 안했다.

수를 놓는다는 것은 작은 꿈을 꾸는 것이라 할 수 있다. 수틀에 천을 끼워 한 땀씩 놓으면서 온갖 고운 생각을 하며 메꾸어 간다. 머리와 손이 양분되어 일하는데 필요에 따라서는 서로의 영역을 넘나들며 일한다고 보면 된다.

까만 공단에 붉은 꽃과 노랑나비를 다문다문 놓고 싶어진다. 그 꽃을 보며 미소를 띠고 있을 내가 연상이 된다. 꽃처럼 고운 시절도 있었는데 그게 아쉬워서 그런지도 모른다.

평생 기계공으로 살아온 어느 명장의 가정사를 들을 기회가 있었다. 십대 시절에 고아가 되어 여동생과 함께 고향을 떠났다고 한다. 며칠 굶어 배는 고파오고 나이는 어려 살길이 막막했단다. 그는 고향을 떠날 때 쥐약을 들고 왔다. 여차하면 여동생과 같이 자살할 심산이었다. 며칠 헤매다 몰골과 행색이 영판 거지꼴이 됐다. 오빠는 우는 여동생에게 마지막으로 빙과를 사주고 싶었다. 동전 몇 개 남은 것을 만지작거리다가 결심을 했다.

여동생은 오빠가 이상하다는 생각을 했다. "오빠, 이것 먹고 우리 죽는 것 아니가?" 오빠가 꼭 쥐고 있는 쥐약을 언제부터 동생은 봐와서 눈치를 채고 있었다. 둘은 부둥켜안고 서럽게 울었다. 빙과는 녹아 흙바닥에 떨어졌고, 오빠는 동생을 위해 새로운 다짐을 했다. 커다란 공장 수위실에 찾아가 사정을 이야기를 했다. 심부름과 청소를 할 테니 취직을 시켜달라고 애원하며 매달렸다. 딱한 사정이라 사무실에 알려지고 윗분들이 의논 끝에 가까스로 일을 하게 됐다.

소년은 공장 기계 옆에서 매일 잠을 잤다. 반질반질하게 기계를 닦아 놓고 청소를 하며 눈썰미 있게 기술 습득을 해갔다. 공장 현장 분위기가 달라졌고, 먼지 한 점 없는 기계를 보고 사람들은 놀라고 만다. 어린아이로 취급했는데 그게 아니었기 때문이다. 기특한 나머지 기능공들이 기술을 가르쳐주기 시작했고,

신이 나서 밤낮으로 기계에 붙어 살았다.

　세월이 흐르고 기계가 고장 나서 못 고치는 것은 이 사람의 손을 빌리지 않으면 안 되었다. 그는 진작부터 기계의 도면을 보고 해체와 조립을 밥 먹듯 해왔기 때문이다. 원가절감과 기계발명, 노동시간 감축 등 공장 생산라인 전반에 걸쳐 그의 활약은 눈부셨다. 여동생을 학교에 보내고 자신은 늦은 나이에 만학도가 되었다. 결혼하여 일가를 이루고 성실하게 살아 어느덧 대한민국 명장의 지위에 올랐다.

　그의 아내는 자수를 열심히 놓는다. 일밖에 모르는 남편을 기다리다가 수를 놓게 되었다고 한다. 사랑하는 남편에게 힘을 주려고 '반야심경'을 지극정성으로 수를 놓는다. 그 시간은 공간을 메꿔가는 게 다가 아니다. 수를 놓는 그 자세가 발원이고 기도였다. 청색 공단에 금사실로 한자 자수를 다문다문 놓으면서 행복한 가정을 기원하는 것이다. 그의 서재에는 반야심경 병풍이 유난히 빛을 발하고 있다.

　돋보기를 집어 든다. 광폭의 천이 아니어도 된다. 자투리 천이라도 쓰임새만 있다면 가녀리고 소담스러운 야생화꽃 수를 놓고 싶다. 살아간다는 것은 수를 놓아 가는 것과 닮았다. 자신 앞에 펼쳐진 원단 위에 어떻게 삶을 수놓아 가느냐에 따라 평가가 달라진다. 인생이라는 수틀위에 남을 자수기에 오늘도 정성들여 한 땀씩 삶을 바느질해간다.

민들레의 기도

뜰 한쪽에 돌멩이를 여러 개 포개 놓은 것이 보인다. 산사 주위의 돌탑을 연상케 한다. 반듯한 탑은 아니나 정성은 비슷하게 여겨진다. 누군가의 염원이 얹힌 작은 돌멩이는 무심함을 넘어 차갑고 딱딱한 물체에서 벗어나 보인다.

소망이 다다르기엔 너무 멀어 보이는 하늘과의 간격, 그것을 좁히려 드는 모양새가 바벨탑을 쌓는 것처럼 하늘을 치받고 있다. 절대자에게 한 발 다가서려는 인간의 속성을 탑의 모양새가 대변하고 있는 것이다.

민들레가 돌탑 주위에 소복하다. 뜰을 내려다보면 시선이 자연히 그곳으로 가는데 저절로 기도의 말문이 트일 것 같다. 피어오르는 향은 없지만 마음이 고요해진다. 원하는 바를 정해야 하는데 혼란스러운 것은 바라는 것이 너무 많은 까닭이다. 어떤 것을 우위에 두어야할지 민망해진다. 기도의 자세는 저 민들레마냥 낮은 곳에 엎드려 자신을 낮춰야 하는데 말이다.

민들레꽃은 흔하여 딱히 키우는 사람이 없다. 틈새만 있으면 비집고 들어와 꽃을 피우니 반기는 이도 드물다. 척박한 곳을 마다 않고 온갖 것에 밟히며 그래도 참고 기다리며 하늘을 우러러 살아간다. 그리움이 여물어 주체할 수 없을 때 바람그네를 타며 사방으로 날아오른다. 하늘을 향한 그리움을 민들레는 가벼운 씨앗이 되어 오르는 것이다.

산속이라 해가 지니 기온이 뚝 떨어져 군불을 지핀다. 못다한 기도의 말이 아궁이를 지나 방구들을 데우고 굴뚝위로 오른다. 별들이 초롱초롱 하다. 사위가 어둠으로 물들면 내 기도는 간절해진다. 남포등의 심지를 돋우고 다락방 앉은뱅이책상 앞에 앉는다. 사유思惟는 끝없이 이어져 영역이 없고 의식은 무한한 자유로움 속을 노닌다. 밖엔 골안개가 스멀거리며 내려앉고 있다.

강원도 산골 예수원이 생각난다. 성공회 '대천덕' 신부님이 계신 곳으로 독일 건축양식으로 지은 집이다. 공동체 식구들과 외부 방문객들이 같이 생활하고 있었다. 하루 한 끼는 분식이 나왔고 자원봉사자들이 수고를 하고 있었다. 새벽부터 밤까지 예배가 하루에 다섯 번 드려졌다. 소외된 이웃을 위하여 그들은 잊지 못할 기도를 하고 있었다.

그들은 양치기, 목수, 농사, 예배, 상담 등으로 자급자족하며 초대교회처럼 살고 있었다. 오래 전 일주일간 머무른 적이 있었는데 그때부터 영혼의 쉼터를 찾아 방황했던 것 같다.

서울 아현동 그리스 정교회 '성 스피리돈 성당'도 잊을 수가 없다. 파이프오르간 소리가 장엄했었고, 천장의 돔으로 소리가 확산되어 묘한 울림으로 들려올 때 나는 전율했다. 뻐근한 감동이 물결치면서 내 눈물도 범람하고 말았다. 그레고리안 성가의 낮은 음률도 낯설기는 했으나 신비로웠다. '소트리오스 트람바스' 신부님을 지금도 기억하고 있다. 신부님께서는 흰 수염을 기르셨는데 마치 은자隱者같은 모습으로 손을 내 머리에 얹으시며 기도해 주셨다.

터키를 갔을 때 산기슭에 흙으로 지은 자그마한 정교회 성당을 가보았다. 관광일정에 있어 갔지만 그 현장이 신선한 충격으로 다가왔다. 프레스코벽화와 이콘들이 천년 세월을 견디고 있었다. 그 자리에 꼬꾸라지듯 주저앉아 깊은 상념에 빠져 들어갔다. 소피아성당처럼 화려한 곳도 있었지만 흙벽이 허물어져 가는 작은 기도처를 보면서 감회가 남달랐다. 기도하던 사람들로 인해 흙바닥이 깊이 패인 흔적을 보면서 손으로 만져보았다. 이곳을 거쳐 간 수많은 영혼들은 어떤 기도를 했을까.

동로마의 패망과 더불어 그 나라에서 사라져간 기독교에 대해 회한에 젖어 들었다. 정치와 문화가 종교에 미치는 영향들을 눈으로 보면서 그 지역을 복음화 시킨 '바울' 사도가 생각났다. 지금은 무슬림화 되어 판도가 바뀌었지만 아직도 발굴되지 않은 로마시대 기독교 유물들이 상당하다고 들었다.

내가 자신을 위한 기도만 하고 있었을 때, 아름다운 사람들은 고통 받는 인류를 위하여 기도하고 있었다. 저 민들레처럼 한없이 자신을 낮추는 기도를 말이다. 보이지 않는 곳에서 세상을 위하여 기도하는 것은 가슴저린 아름다움이다. 절대자 앞에 꿇어 앉아 되뇌는 고백의 기도, 통회의 기도, 애절한 간구는 얼마나 인간적인가?

진심어린 기도는 사람을 바뀌게 하고 주위까지도 변화시킨다. 세상의 악은 소수의 선으로 인하여 다소나마 덜어지리라 여겨보는 것이다.

교회의 첨탑을 본다. 가난하고, 힘없고, 병든 자들을 위해 기도해야할 것 같다. 민들레처럼 바닥에 엎드려 드리는 기도가 공허한 메아리로 돌아오지 않았으면 한다.

민들레 씨앗은 존재의 가벼움으로 자유롭게 멀리 날아오른다. 부질없는 모든 것 비우고 작은 기도의 말 하나 실으려 한다. 저 멀리까지 도달할 수 있는 기도의 말을.

"끼리에 끼리 엘레이션"

"주여, 우리를 불쌍히 여기소서!"

가마소

외갓집 담장 밑에 접시꽃이 해처럼 화사했다. 홰를 치던 닭도 졸고 있는 한낮, 동네가 텅 빈 것처럼 정적에 싸여 있었다. 조금 전 골목이 비좁을 정도로 한바탕 아이들이 지나갔다. 땟국물이 줄줄 흐르던 아이들이 갈 곳은 정해져 있었다.

가마소에는 동네 조무래기를 비롯해 큰 아이들까지 다 모였다. 높은 바위에 올라가서 다이빙하는 아이들과 개헤엄치는 꼬마들로 소란스러웠다. 여자 아이들도 같이 휩쓸려 장난도 치고 다슬기를 줍는다고 눈이 아프게 물속을 들여다보고 있었다. 오래 며 감던 아이들은 입술이 새파래져 자갈밭에 앉아 햇볕을 쪼이며 앉아 놀고 있었다. 또 한 패들은 뜨거운 조약돌을 귀에 대고 갸우뚱거리며 귓속 물을 뺐다. 자맥질하는 통에 허기진 아이들은 깜부기 핀 논을 냅다 가로 질러 사립문을 제쳤다. 마루 기둥에 걸린 대소쿠리 안에 보리밥이 있는 것을 알기 때문이었다.

얕은 물가에서 구경 만하다가 나도 모르게 조금씩 깊은 곳으로 가고 말았다. 헤엄도 못치는 대책 없는 열 살 아이는 물 아래 위를 두 번이나 오르락내리락거렸다. 얼마나 허우적거리며 소리쳤을까. 갑자기 머리 밑이 아프면서 몸이 위로 솟구쳤다. 누가 내 머리카락을 움켜지고 헤엄을 치며 물가로 나왔다. 이종사촌 오빠였다. 눈물범벅이 된 얼굴로 가쁜 숨을 쉬다가 난데없이 구해준 오빠를 때리기 시작했다. 머리카락 따가운 것은 빌미였고 놀란 것도 있지만 급작스러운 상황이 무참해서였다. 젖은 머리와 나일론 원피스에도 물이 줄줄 흘렀다. 혼자 논둑길을 지날 때 강아지풀이 다리를 간지럽혀도 그냥 섧게 울었다. 소문을 언제 들었는지 외할머니가 신작로를 빠른 걸음으로 오고 계셨다. 내 울음은 제방둑이 터지듯 요란스러워져 갔다. 외할머니는 놀란 가슴을 쓸어내리시며 나를 달랬다.

물가에 멀찌감치 서있었는데 언제 깊은 물에 빠졌는지 모르겠다. 세찬 물살이 발가락 사이로 파고들어 고운 모래가 흘러나가 버렸다. 물속에서 한 자리에 오래 서있으면 발바닥 밑의 모래가 쓸려나간다고 했다. 차츰차츰 경사진 곳으로 자기도 모르는 사이 와버린다는 어른들의 설명이었다. 이곳 물속 바닥 특징이 가마솥처럼 움푹 깊어 '가마소'라 불렀던 것이다.

외갓집에 돌아오니 오늘 일을 예견한 것처럼 아버지의 엽서가 배달되어 있었다. 거기에는 물조심할 것과 모기 조심 그리고 방학숙제 하기가 적혀 있었다. 외할머니는 다시는 다슬기 주우러 가지 말라고 신신당부 하셨다. 방에 있어도 마당에 있어도 가마소의 퍼런 물이 넘실거려 한기가 들더니 며칠을 앓았다. 동네에 소문이 퍼져 밖에도 못나가고 집안에서 맴돌았다. 땡감이 떨어지면 물에 담그고 삭기를 기다리는 게 유일한 소일거리였다.

그날도 뒤란에 떨어진 감을 주워 물에 넣으려다 화들짝 놀라 뒷걸음쳤다. 물속에 삭히던 감이 가마소에 빠진 내 몰골과 흡사해 보였던 것이다. 내친김에 물그릇을 확 쏟아버렸다. 감은 마당에 이리저리 나뒹굴고 나는 더위에 지쳐 한숨만 뱉었다. 흰옷마다 갈색물이 보기 흉하게 들었다. 내 마음도 감물이 들어 얼룩덜룩 변덕이 심해졌다.

그날 이후로 물 근처에 얼씬도 안하다가 늦깎이 수영을 배웠다. 자유형 50m가 수월해질 무렵, 물만 보면 그 위를 날렵하게 헤엄치는 모습을 상상했다. 사람들이 그때가 위험한 시기라며 조심하라고 했지만 무슨 뜻인지 몰랐다. 우려는 얼마 되지 않아 현실로 나타났다. 외국에서 그것도 밤에 호텔수영장에 들어갔다가 영영 못 나올 뻔했다. 수영하다 숨이 차서 주춤하는 사이 몇 미터나 밑으로 내려갔는지 가슴이 철렁 내려앉았다. 몸이 아래로 한없이 내려가는 순간, 예전 가마소에 빠졌을 때가 생각났다. 부력에 의해 몸이 솟구칠 때마다 건너편에 있던 남편에게 소리를 질렀다. 빨리 건너 오라며 손짓하던 그도 비명소리가 심상치 않았는지 내게 헤엄치며 다가왔다. 놀라면 몸이 경직되어 아무 것도 할 수 없게 된다는 것을 이때 체험했다. 수영 조금 배웠다고 조심 없이 설치다가 혼이 난 셈이다.

  살면서 깊이 모를 가마소에 여러 번 빠졌다. 물속에만 가마소가 있는 게 아니라 삶에서 맞닥뜨리는 위험한 사건들이 다 가마소였다. 수렁에 빠지거나 나락으로 떨어져 방황할 때가 그렇다. 끝없는 추락을 경험하면서 좌절할 때가 가마소에 빠질 때였다. 그 시간들은 왜 그렇게 길게 느껴지던지 허우적거릴수록 더 깊이 빠져들었다. 가마소는 지푸라기라도 잡으려는 심정으로 죽을 힘을 다해야 벗어날 수 있는 사지이다.

  물에서 힘만 쭉 빼고 있어도 저절로 뜨는 법은 고수들만 할 수 있는 것인지, 몇 번씩 되풀이해도 왜 그땐 안 통했는지, 무슨 일을 만나도 요동치 않는 평정심은 어디서 구하는지 아직 갈 길이 멀기만 하다.

3

나 또한 근원도 모르는 곳으로부터 와서 명멸하는 별과 같이 존재한다. 저 작은 꽃의 자리가 결국 내 자리인 것이다. 아름다움이란 저절로 생기지 않는 것, 고통이 수반 된다. - 꽃

- 꽃
- 부레옥잠
- 자화상 소묘
- 살아있는 화석
- 숲
- 바람
- 소나무
- 참꽃
- 헷갈림
- 증편
- 매듭
- 모시

꽃

　　베란다에 꽃이 만개하였다. 베고니아, 제라늄, 봉숭아가 요염하게 붉다. 유도화는 허리가 묶여 있고, 능소화는 엮은 줄이 사다리인 양 계속 뻗어 나간다. 그 줄기가 어디까지 뻗을지 자못 궁금하다. 오며가며 물만 찔끔 줬는데 예쁘게 꽃을 피우니 사랑스럽다.

　　꽃 중에 유독 빨갛게 핀 꽃이 시선을 끈다. 봄꽃과는 달리 여름에 피는 꽃이 더 진하며 원색에 가깝다. 화장을 한 여인이 화사하게 웃는 것 같다. 분 냄새인 양 향기를 풍기며 농염한 자태다.

　　주위에 엄습하는 우울을 몰아내고 싶을 때가 있다. 마음이 회색빛 암울한 지대로 가라앉으면 더 그렇다. 알 수 없는 무언가가 내 안에서 작용하려 드는 것이다. 매사를 보편적으로 단순하게 긍정적으로 풀어가면 될 텐데 그러지 못하는 게 탈이다. 스멀스멀 고독의 언저리를 배회하는 이 병은 어머니의 죽음에서 비롯

됐다.

열여섯 나이에 표정을 잃고 세상에서 벗어나고 싶었다. 내면의 아우성과 씨름할 무렵, 가정통신란에는 선생님의 우려가 불안한 눈빛으로 적혀 있었다.

"저도 노력하겠지만 아이를 대화의 장으로 이끌어 주십시오."

어머니의 부재를 모르셨던 것이다. 선생님과 수녀원이 있는 동산을 오가며 많은 이야기를 나눴다. 세라복을 입은 그 눈물 많던 소녀는 멀어져 가고 없다. 그러나 지금껏 짙은 음영이 배인 그때 우울의 자락을 나는 아직도 다 넘지 못하고 있다. 누군가 지적하기를 우수에 젖은 눈매로 무엇을 찾고자 하는 표정이라고 했다. 볕이 환하면 커튼을 치고 전화코드를 차단하고 칩거의 상태로 있기도 했다.

세월이 사람을 변화시켰다. 이제 그 병에서 슬슬 도망치고 싶은 것을 보니 말이다. 몇 해 전에 꽃집을 지나다 **빨간 베고니아** 앞에서 걸음을 멈췄다. 보도위에서 **빤히** 나를 올려다보는 것이었다. 강렬한 색깔이 인상적이어서 뜬금없는 생각을 했다. 어쩌면 이 꽃이 우울한 나를 구원해 줄지 모른다는 생각이 들었다. 작은 포기를 사고 번식력이 좋다기에 큰 화분을 골랐다. 밑바닥에 거름망을 깔고 굵은 돌과 잔돌, 모래, 흙을 배분해 다져 심고 어찌지 못할 내 마음의 우울과 한과, 분노까지도 비벼 넣었다. 삶의 아픔과 너덜너덜한 찌꺼기까지 쏟아 부었다.

베고니아 그 하늘하늘한 꽃잎은 새아씨 볼처럼 붉다. 햇볕이 뜨거우면 뜨거울수록 꽃은 더 붉어진다. 생의 욕구가 일어난다. 정념을 토하는 꽃빛깔을 보며 삶을 꽉 움켜쥐고 싶은 것이다. 시간과 공간속에 존재하는 모든 것이 전과 같지 않다. 무한한 가능성으로 세상이 보인다. 과녁을 향해 활시위를 당기듯 목표물의 한 정점을 향해 줄달음 치고 싶어진다. 한 송이 꽃이 주는 위안 속에 희망을 키워 간다. 살아있다는 것에 기쁨이 솟고 마음속 심연까지 차오름을 느낀다.

절망에 처했을 때 나는 꽃을 산다.

「그리고 아무 말도 하지 않았다」의 '캐테'처럼. 전쟁의 폐허 속에 가난을 껴안고 살면서도 그녀는 꽃을 샀다. 죽은 아이의 무덤을 찾아가면서 노란 마가렛을 들고 갔다. 그녀는 가정을 지켜내고 싶어서, 살아내기 위해서, 남편의 인간성 회복을 위해서 투철하게 삶과 직면했다.

저자거리에 꽃집이 여럿 있다. 찬거리를 사러 가는 길에 잠시 쳐다보고 간다. 저마다 미소를 띤 꽃들이 나를 불러 세워 가슴은 마냥 환해 온다.

찬값을 줄여 꽃을 살까 한다. 그 마음의 절박함을 누가 헤아릴 수 있을까? 반찬을 들어야 할 손에 꽃이 들렸어도 사치나 허영이라 단정 짓지 말자. 절망을 딛고 일어서려는 나의 의지가 꽃에서 비롯되기 때문이다.

꽃을 들고 갈 곳이 있다. 세상의 어둡고 황폐해진 곳으로 가서 더는 방황하지 않고, 더는 비탄에 빠지지 않을 치유를 해주고 싶다.

신이 인간에게 준 선물 중 하나가 꽃이라 여겨 본다. 갖가지 색과 향기와 자태로 사람의 마음을 열게 한다.

언젠가 대포와 장미가 뉴스의 초점이 된 적이 있었다. 포문에 장미를 달아 놓은 것이 묘한 대비가 되었다. 전쟁을 종식시키고 싶은 열망을 그렇게 표현한 것이 어떤 평화주의자의 외침보다 위력적이었다. 기쁨과 슬픔의 최고 정점에도 꽃은 항상 자리한다.

길을 가다 돌틈 사이 핀 꽃을 보았다. 하필이면 척박한 곳에 피었는지 애처롭다. 대신 살아 줄 수 없는 우리네 인생처럼 저도 어쩔 수 없이 삶을 붙들고 있다. 바람을 따라 씨알로 와서 개화에 이르도록 숱한 고비를 겪어냈을 꽃이 아름답고 당당해 보인다.

나 또한 근원도 모르는 곳으로부터 와서 명멸하는 별과 같이 존재한다. 저 작은 꽃의 자리가 결국 내 자리인 것이다. 아름다움이란 저절로 생기지 않는 것, 고통이 수반된다. 아름다운 생을 위하여 '시지푸스'처럼 고뇌의 바윗덩어리를 져 올릴 자신이 있다. 이 세상에 등불을 켜는 듯 꽃이 피어나는 한 내 길을 갈 것이다.

부레옥잠

돌확이 하늘을 품고 앉았다. 그 안에 맑고 파르스름한 꽃이 보인다. 쪽진 머리에 얌전히 꽂힌 옥비녀를 닮은 꽃이다. 꽃잎의 가장자리는 연분홍색, 연보라색, 중심부는 청보라색과 노란색이 어울려 있다. 꽃잎이 너무 얇아 눈만 흘겨도 떨어질 것처럼 보인다. 공기주머니인 부레를 달고 물밑 뿌리를 연결해 떠 있는데 이 작은 지체들이 물을 정화시킨다니 참 대견스럽다. 이 꽃을 보고 있으면 티끌이 가득한 내 자신의 내면을 들킨 것 같아 부끄러워진다.

아침이면 돌확에 물을 채운다. 햇볕에 물이 졸아들면 수생식물이라 위험이 따른다. 몇 뿌리를 다른 물그릇에 옮겨 놓으면 제철이라 금방 번식한다. 바닥에 자갈을 깔고 돌확을 더 갖다 놓고 보니 식구가 제법 불었다. 보는 사람마다 탐을 낸다. 그릇이 비좁아지면 조금씩 떼어 나눠줄 생각이다. 꽃을 보고 기뻐하는 만큼 세상이 맑아졌으면 좋겠다.

　모르는 할머니께서 아드님과 트럭에 자배기를 싣고 오셨다. 집에 옹기가 많은 것을 보시고 평생 쓰시던 물건이라 하시며 두고 가시겠단다. 아파트에 사는 자녀들에게 줘봤자 간수하기 어려울 거라고 판단하신 모양이다. 가시면서 연신 밖을 내다보셨다. 할머니 머리에도 부레옥잠을 닮은 단아한 옥비녀가 꽂혀 있었다.

　올망졸망한 돌확과 돌절구, 그리고 자배기가 어울려 꽃밭이 됐다. 여기저기서 쉴 새 없이 옥잠이 피어나는데 아쉬운 점이 있다면 개화기간이 사흘뿐이라는 것이다. 여름꽃치고 이처럼 시원한 색깔도 흔치 않다. 더위와 맞서듯 원색꽃이 많은데 비해 파스텔톤의 색채와 무늬가 어울려 독특하다. 자세히 들여다보면 신비한 색의 세계로 이끌려 가는 듯하다.

　꽃이 지는 모습도 특이하다. 기운이 다한 부레옥잠은 꽃잎을 다문 채 다소곳이 물속으로 주저앉는다. 누군가를 향해 나부죽이 절하고 숨을 거두는 모양새다. 짧은 개화이지만 자신에게 주어진 그 시간에 대한 감사의 표현일까. 부레옥잠은 마지막까지도 지저분한 모습을 남기지 않는다. 추한 행색은 물속에 가라앉히고 푸르고 윤기 나는 잎을 뽐내고 있다. 제 몫을 다하는 사람의 뒷모습이 아름다운 것처럼 이 꽃 또한 그러하다.

　부레옥잠의 색감을 좋아한 디자이너가 있었다. 그는 옷 만드는 일로 평생을 독신으로 보냈다. 그의 옷은 품격이 있고 환상적이어서 우리나라의 위상을 세계무대에서 한껏 높였다. 그는 자신의 감각과 정서로 모델을 기용했으며 선남선녀 모델이 연기한 '이마 키스 피날레'는 그의 탁월한 연출을 돋보이게 했다. 이미 고인이 되셨지만 그가 생전에 이 꽃을 봤다면 반색했을 것이라 여겨진다.

도랑에 가서 송사리를 뜰채로 떠와 부레옥잠이 있는 곳에 몇 마리씩 넣었다. 고인 물에 모기 유충이 생기면 송사리의 먹이가 되기에 바람직하다. 부레옥잠 사이로 송사리 떼를 보는 즐거움, 자연의 이치와 상생의 원리가 그 안에 들어있다.

선한 매무새의 여인이 웃고 있는 듯 촘촘히 피어있는 부레옥잠, 뜨거운 태양 아래서만 환히 피어나는 꽃, 내게 환상의 세계를 엿보여 주는 꽃이다. 부레옥잠, 짧은 개화지만 여운은 길게 남는다.

자화상 소묘

하얀 켄트지는 늘 설렘으로 다가온다. 이젤을 놓고 클립으로 종이를 고정시킨 후 가만히 석고상을 응시하면서 구도를 잡아나간다.

토요일 오후, 야외 스케치가 없는 날은 미술실에서 석고상을 소묘했다. 우뚝 선 콧날의 얼굴 윤곽들이 상당히 입체적으로 다가 왔다. 그 장본인이 누구인지는 별 관심이 없었다. 미술실에 항상 놓여있는 여러 형태의 사물에 지나지 않았던 까닭이다.

4B 연필로 구도를 잡고 선을 긋고 음영을 주면서 점점 그 인물에 관심을 가지기 시작했다. 선생님으로부터 로마의 유명한 군인이며 집정관이었음을 듣고 인물을 유심히 관찰하며 그렸다. 먼 이국 남자의 윤곽을 그릴 때마다 내 윗대 조상 중에 서양인이 한 분쯤 계셨지 않았을까 하는 의구심이 생기기도 했다. 동양인의 얼굴 유형을 벗어나 할아버지나 아버지도 '아그리파상'처럼

윤곽이 뚜렷한 서구적인 외모를 지니셨기 때문이다.

신약 성경 사도행전에는 '바울' 사도가 잡혀와 '아그리파'에게 변론하는 장면이 서술되어 있다. 그리스 악티움해전에서 '안토니우스'와 '클레오파트라'의 연합군을 패배시킨 장본인도 역시 그 '아그리파'였던 것을 뒤늦게 알았다. 그를 다시 소묘한다면 예전보다 더 용맹스럽게 그릴 수 있을 것 같아진다.

자신을 가장 잘 아는 사람은 자기 자신이다. 자신의 속성과 강점과 취약한 부분을 두루 꿰뚫고 있음은 물론이다. 타인들의 객관적 관점은 뒤로 미루고서라도 지금은 나를 관통하는 화살이 시위를 떠났음을 알리려 한다.

나는 여자치고는 기골이 장대해 아들이었으면 하는 말을 많이 들어왔다. 딸만 내리 다섯을 놓은 어머니의 간절한 바람이기도 했다. 수더분한 인상이 아니어서 애로사항이 숱했다. 지금은 서구형으로 성형하는 세상이지만 전에는 눈만 커도 흉이고, 키가 커도 입방아에 올랐다. 길을 걸을 때 움푹 팬 웅덩이를 선호했다고 했더니 키 작은 이가 "돌을 딛고 걸어 본 일이 있느냐"고 화답해 웃은 적이 있다. 유전자의 힘은 대단해서 장신을 감추기 위해 내 허리는 늘 구부정해져 있었다.

전부터 감수성이 남다르다고 얘기는 들었지만 툭하면 눈물바람에 민망할 때가 많다. 행동은 굼뜨고 직설을 못하며 수식數式을 싫어한다. 우유부단하고 근성이 없으며 사회성도 부족하다. 나름 미적 감각은 있으나 한껏 고조시키려다 실패한 사례가 더러 있다. 미와 추는 동전의 양면 같아서 잘 접근해야 하는데 말이다. 고상한 척 교만하던 나를 신은 보다 못해 짓눌러버린 것 같다. 콧대는 낮아졌고 윤곽은 편편해졌으니 말이다.

시류에 떠밀려 정체성의 혼돈으로 주도적인 삶도 살아내지 못하고 있다. 내적 화해에 초점을 두며 스스로 자구책을 시도하기에 이르렀다. 날선 각들이 두루뭉술해질 즈음 지금은 보통 아낙이 되어 있음에도 달리 분개해하지 않고 있다. 양분된 자아와의 충돌로 편한 날이 없었는데 이제는 다소 헐거워진 상태다. 느지막이 배려와 이해를 겨우 가늠하는 중이다.

인생의 격랑을 헤쳐 나와 이제 느긋할 나이가 됐다. 그러나 무엇에 쫓기는 듯 여유가 없다. 처진 눈두덩과 주름, 힘줄이 울퉁불퉁한 손등을 보면서 얄궂은 비애감에 젖기도 한다. 기고만장하던 젊음이 가뭇없이 사그라지고 있음을 체감하고 있다. 한때는 무던한 여인네였으나 삶의 여정 속에 매몰차게 변모한 모습을 감출 수 없다.

지금도 인간의 본성과 논리적인 이성의 저울추가 서로에게 기울도록 작용하려 든다. 둘로 양분된 자아가 부정과 긍정을 거듭하고 있다. 선함이 은근히 배어 있는 그런 자화상으로 그려내고 싶지만 선악이 내분을 일으키는 마음속 격전장은 그대로 얼굴에 투영되고 있다. 무엇이든 심상에서 우러나와 인상으로 이어짐을 부인할 수 없기에 살짝 긴장하고 있는 현시점이다.

　빛의 각도에 따라 명도가 달라지는 자화상 소묘, 음울한 기운을 걷어 버리려고 억지웃음을 띠기도 하지만, 명암과 색감을 위한 세밀한 터치는 치부가 확연히 드러날 태세여서 손끝이 떨려온다. 적나라한 내 이면의 모습을 본다면 얼마나 실망스러워할까. 보는 사람의 시선에 따라 자화상은 한때의 영광과 삶의 패잔병이었던 때를 발견하게 될 것이다. 모든 평가는 그들의 관점에 맡겨야 할 부분이다. 초로의 눈꺼풀이 처연해 보일지라도 시간이 빚은 모습이기에 겸허히 받아들이려 하고 있다.

　욕심을 낸다면 그래도 꿈꾸는 인상이었으면 싶다. 살아있다는 것의 실체일 수 있는 꿈을 향해 절대자의 아량이라도 구하고 싶은 심정이다. 꿈은 늘 벽 너머에 존재하고 있다. 그래서 자주 까치발을 들어 엿보고 있다. 그 피로감은 엄청나지만 멀리 보며 천천히 조율하는 중이다.

　더는 나를 그릴 수 없음은 자신의 민낯을 들여다보면 한없이 부끄럽기 때문이다. 지금에 이르도록 무엇 하나 내세울 것 없는 삶이 그렇고, 업만 쌓은 인생이 가엾어서다. 생각해 보면 남에게는 후덕했을지 모르나 가족에게는 늘 미안함이 따른다. 돌아보니 형제에게도 자녀들한테도 빚을 졌다. 맏이로서 강요만 하고 엄마로서 훈육만 했지 참다운 사랑을 못준 것 같아서다. 설익은 인격과 감정으로 마음 다친 이가 있으면 먼저 손을 내밀고 싶다.

어쩌면 눈물로 점철된 한편의 참회록을 써야 될 것 같다.

  자화상 소묘는 미완으로 유보해 두련다. 점차 선한 인상으로 변모되기를 내심 추구하면서 아쉬우나 소묘 펜 놓기를 주저하지 않는다.

살아있는 화석

늦은 오후, 시내로 향하던 차의 방향을 갑자기 고향쪽으로 돌렸다. 의기투합해진 동생과 나는 흥분하고 있었다. 얼마만의 방문인가. 우리는 그동안 가슴속에서 고향을 그리워하고 있었던 걸까. 느닷없는 고향행은 말이 떨어지기 무섭게 행동으로 옮겨졌다. 상당한 시간이 걸릴 거라 생각했는데 예상보다 빨리 왔다. 고향이 지척간인데 그동안 멀게만 생각한 것이다.

노루꼬리 만큼 남은 햇살이 안타까워질 무렵, 잿빛 기왓장이 듬성듬성 보이는 동네 어귀로 들어섰다. 이상하게도 눈에 보이는 것마다 낯설지가 않았다. 이쯤에 저수지가 있었는데 싶으면 저수지가 나타났고, 작은 교회당을 찾으려고 하면 그 옛날 언덕배기에 그대로 나타나는 현상이라니. 이쪽으로는 첫길인데 자연스레 와진 것이 신통하기만 했다.

아련한 기억의 언저리를 더듬으며 둘의 얼굴은 상기되어 갔다. 동생이나 나나 고향에 와본 지가 까마득하다. 어릴 적에 떠나 방학 때 친척집을 다녀간 기억이 고작이다.

별자리가 무수히 빛나 보였던 여름밤, 과수원 가던 길, 소떼를 몰고 가던 부스럼딱지 소년들이 눈앞에 어른거리기 시작했다.

매캐한 냄새가 실려 왔다. 고향냄새다. 밥 짓는 연기가 모락모락 피어오르며 동네 어귀를 휘감았다. 멀리서 보면 안개에 휩싸인 풍경이다. 동구 밖 은행나무는 그때나 지금이나 위엄을 내두르고 섰다. 마을 공동우물은 없어지고 하나 밖에 없던 점방도 보이지 않았다. 건빵과 돌사탕, 박하사탕을 벽장에서 꺼내주곤 했는데 그 맛은 분명 우리 동네 것과 확연히 달랐다.

차에서 내려 골목을 돌아다녔다. 어스름한 시각이어선지 빈 집들이 괴물처럼 다가왔다. 옛 집터는 을씨년스러웠고 황무한 그곳은 폐허 그 자체였다. 천천히 발걸음을 옮기며 회상에 젖어 들어갔다.

우리 집 방문고리엔 돼지나발 말린 것이 항상 걸려 있었다. 어린 동생이 침을 많이 흘린다고 목에 양밥처럼 걸어주던 거였다. 덜거덕거리던 문소리가 생시같이 들려왔다. 연못 위로 굼뜨게 헤엄치던 까만 물방개가 기억 저편에서 떠다니다가 내게로 왔다. 조약돌 사이로 빛나던 사금파리 조각들과 종아리에 달라붙던 거머리들하며 금계랍을 노랗게 발라둔 엄마의 젖꼭지, 솔잎 뭉치로 뱀독을 빼려던 아저씨는 살아 계실까. 바람결에 고약한 가죽나무 냄새가 실려 오고 옹달샘가의 꽃창포, 뒤란 큰 바위를 기어오르던 담쟁이 넝쿨들이 뇌리에서 굳은 화석으로 있다가 슬슬 되살아났다.

고향이란 과연 어떤 존재인가. 윗대 할아버지와 할머니가 태어나고 묻히신 곳, 아버지와 내가 태어난 근본임이 분명하다. 탄생과 죽음의 영원한 귀착지인 곳이 고향이 아닌가.

옛 삼한시대 조문국의 땅 대리, 탑리, 학미리 등에 고분 374여 기 봉분이 발견되었다. 유적이 황폐됐어도 손을 놓고 있었기 때문에 밋밋한 언덕배기가 되어 그동안 아이들의 놀이터가 됐었다. 조금 큰 무덤으로만 생각했지 역사와 가치를 가늠하지 못했던 것이다. '조문'이라는 교명을 쓰는 초등학교 분교가 있는 걸 보니 문화의식이 살아있다는 생각이 들었다. 미수 허목 선생이 이곳을 지나다 감회를 기록한 문집이 있다고 들었다. 영화는 사라지고 역사의 숨결만 가느다랗게 들려오는 듯했다. 금성산만 증인인 양 옛 모습 그대로 우뚝 서 있었다.

'금성면 제오리'와 '탑리 봉황제'는 공룡화석이 발견된 곳이다. 일억 년 전, 중생대 백악기 공룡들이 남긴 발자국이다. 그 중 한 곳의 공룡학명을 따라 '탑리 한 외룡(울트라 사우르스 탑리앤시스)'이라 명명했다.

화석이라 해서 반드시 돌로 변한 것만은 아니고 고생물의 발자국, 몸자국, 배설물 등과 그 흔적 모두를 화석이라고 한다. '제

오리' 화석은 철 구조물로 둘러쳐져 보호되고 있었다. 바위 언덕에 둥글게 패인 공룡발자국 흔적들이 여러 개 보였다. 굳은 돌 표면 위로 움푹움푹 들어간 공룡발자국을 손으로 만져 보았다. 일만 년의 세월, 아득한 그 시간을 손끝으로 더듬는다는 것에 가슴이 뛰었다. 이 시대에 남아있지 않는 동물의 발자국이 나를 신비 속으로 몰아갔다.

아버지께서는 생전에 고조부께서 지은 시문 '조문팔경'의 뜻을 풀이해 주셨다. 뵌 적 없는 조상의 글을 대하고는 가슴이 뭉클해짐을 느꼈고, 오래도록 여운이 가시지 않았다. 마침 이곳으로 오고 보니 새록새록 글제목이 떠 올랐다.

'금성추엽金城秋葉', '토산춘화土山春花', '문천창수汶天漲水', '매파고탑梅坡孤塔', '죽리황릉荒竹里陵', '봉대조양鳳臺朝陽', '우산낙휘牛山落暉', '동강제월桐崗齊月' 이라는 소제목으로 글을 지으셨다. 고향일대의 풍광을 노래한 글이었다. 낙엽과 꽃, 옛 탑과 고분을 보고 글을 쓴 어른을 생각하며 기꺼운 마음으로 이어짐을 느꼈다. 그 느낌은 공룡화석에 손길이 닿았을 때와 같은 심정이었다.

대물림이라는 말이 있다. 성정과 생각과 표현이 닮았고, 피가 이어져 왔으니 나는 그 어른의 살아있는 화석이 아닐는지. 사람의 특성이 한 개체에서 끝나는 것이 아니라 후대에 명징하게 드러나는 것이 놀라울 뿐이다.

조상의 발길이 닿은 주변 8경을 직접 답사해 보려고 마음먹었다. 시공을 뛰어넘어 이루어지는 온갖 교감들을 화답의 의미로 적어 볼 것이다. 내 글을 후대의 뒷사람들이 무어라 말할지는 모를 일이다. 다만 내 글이 그 어른께 누가 되지 않았으면 한다.

나의 현재와 미래를 통털어 화석이 되어 서 있을 자리는 경상북도 의성군 금성면이다.

숲

나른한 오후, 창가에 기대어 선다. 창틀 밖으로 보이는 바깥풍경을 표구하기 시작한다. 소나무가 우거진 숲 뒤로 바다가 잔잔하게 보인다. 작은 섬, 섬들이 조는 듯 떠 있다. 고깃배가 하얀 포말을 그리면서 지나가는 그림 곧 한 폭의 풍경화가 된다.

그림 속의 소나무 잔가지가 흔들린다. 뿌연 가루 같은 것이 떨어져 내린다. 해무도 걷힌 지 오래인데 무엇일까. 갑자기 밖으로 나가 확인하고 싶어진다. 일탈을 꿈꾸는 사람처럼 마음이 설렌다. 무명치마, 그것도 레이스가 달린 무채색의 흰 치마를 입고 황급히 숲으로 향한다. 소나무 사이로 떠다니는 운무 같은 것의 실체를 알아내고 싶어서다.

"쏴아", 바람소리가 나니 하얀 가루가 떨어져 내린다. 무명치마 자락을 들어올려 받아 본다. 그것은 희기보다는 연한 연두

색 빛깔에 미색이 약간 배어든 듯한 미립자, 송홧가루다. 내친 김에 숲속으로 향한다. 따가운 햇살도 피할 겸 솔향기를 온몸으로 맡으며 걷는데 풀잎들은 바람의 방향 따라 옆으로 옆으로 누우며 발등을 간지럽힌다. 숲정이를 지나자 향내가 실려 온다. 봄의 전령들은 져버린 지 이미 오래인데 향기의 근원이 어디에 있는지 찾아보기로 한다. 풀잎들이 발목까지 차오를 때쯤, 숲의 초입에 이르고 두 갈래의 길이 나타난다. 한쪽 길은 훤하고 넓었으며, 다른 쪽 길은 좁은 탓에 어두워 보인다. 향기가 어디서 실려 오는지 양 갈래 길에서 한참을 서 있다. 어느 숲길로 접어들어 가야할지 고민이 된다.

삶의 선택사항이 주어질 때 사람들은 계산을 한다. 번뜩이는 머리로 득과 실을 따진다. 인간관계도 마찬가지다. 순수한 교감을 나누기도 전에 주판을 튕기는 실리주의자가 되고 마는 것이다.

어떤 일의 출발선상에선 과감한 결단이 요구되기도 한다. 그러나 미래에 대한 불확실성 때문에 미적거리며 망설여지게 된다. 살면서 이런 결단을 요구 받을 때가 얼마나 많았던가. 사람은 자아의식이 눈뜰 무렵부터 선택사항이 늘 뒤따르는 것이다.

하오의 권태로움은 초록이 주는 생기로 물러간다. 그러나 향기의 실체에 대한 은밀한 유혹을 어찌하지 못하고 결정을 한다. 숲의 좁은 길로 주사위를 던지듯 들어간다. 한낮인데 숲속은 어둡다. 자꾸만 주춤거려진다. 공포가 엄습하고 숲의 위세에 짓눌린다. 자연 앞에서 점점 작아지는 나를 느낀다. 아무런 감흥도 일어나지 않고 이 어두운 현실에서 벗어나고 싶다. 내가 생각한 길은 이런 곳이 아니었는데 걸음을 뗄수록 어둠은 짙어간다. 두려움만 주위에 널브러져 있다.

숲의 어둠은 삶의 색채와 다르지 않다. 사방을 돌아 봐도 탈출구를 찾지 못하던 시절들을 생각나게 한다. 되돌아가고 싶지만 너무 멀리 온 것 같아 주저하던 나날들.

시련이 닥칠 때마다 "왜 나인가?"를 반문했다. 당연히 꽃길만 걸을 줄 알았다. 젊은 날의 치기가 무색할 정도로 피폐해진 몰골을 하고 살았다. 이 오만한 생각은 거부하는 몸짓과 항변으로 이어졌다. 절절 매던 그때 모습이 어쩌면 지금과 흡사했다. 대책 없이 혼자 숲속으로 들어온 것을 후회하면서 힘든 발자국을 떼 나간다.

좁은 길은 내가 선택한 사항이다. 삶의 여정도 마찬가지다. 누구도 원망할 수 없는 자신의 결정인 것이다.

이 숲 언저리에는 상수리나무가 많다. 봄과 가을, 소풍 온 아이들을 볼 수 있다. 벼랑 끝에 등대가 외롭게 서 있는 것밖에 더는 아는 게 없다. 겉보기에 작은 동산 같지만 숲의 또 다른 이면에 놀라고 만다.

숲은 낯선 이방인을 도외시한 채, 산새와 다람쥐, 나무와 이끼를 보듬고 있다. 나뭇잎 썩은 냄새가 역하다. 찾고 있던 향기와 낙엽 썩는 냄새를 비교해 본다. 이상과 현실이 부딪쳐 "쨍그랑" 소리를 낸다. 그 파열음은 삶과 죽음을, 사랑과 미움, 빛과 어둠이 극명하게 대립하고 있음을 느끼게 한다.

나무뿌리에 걸려 넘어지는 바람에 손에 흙이 묻는다. 그러고 보니 이 숲의 흙색이 유난히 검은 것에 마음이 끌린다. 하찮은 낙엽이 썩어 거름이 되고 숲을 키워내는 것을 지금에야 인지하고 있다. 매사를 거부의 몸짓으로 일관하던 자신이 부끄러워진다.

운명론자처럼 순응하며 선택한 길을 걸어 나가기로 한다. 숲 어딘가 시름을 잠재울 향기의 근원이 있으리라 여기면서.

조금씩 사위가 밝아지면서 향긋한 냄새가 실려 온다. 눈앞에 예쁜 산새가 포로롱 지나간다. 내 눈은 새를 놓칠세라 바로 뒤쫓는다. 높은 나무 위로 날아 오른다. 고개를 드는 순간 눈부신 광채가 시야에 어른거린다. 눈이 부셔 감았다 다시 뜨고 본다. 큰 나무에 희디흰 꽃들이 폭포수처럼 쏟아져 내릴 듯 피어있는 것이 아닌가. 경이롭다. 순간 뿌듯한 희열로 가슴이 벅차오른다. 새가 아니었다면 땅만 보고 걸어서 이 꽃을 볼 수 없을 것이다. 마음 고생은 그것으로 다 보상받는 기분이다.

숲이 거의 끝나는 지점, 옆으로는 넓고 푸른 초원지대가 펼쳐져 있다. 세상 밖으로 나온 것 같아 안도하며 꽃그늘 아래서 그동안의 시름을 풀어 놓는다. 햇살은 뜨겁게 초원 위로 내리쬐고 찬란하기 그지없다.

우리는 인생이라는 길을 걸어가고 있다. 탄탄대로를 걷는 사람, 가시밭길을 걷는 사람 각양각색의 삶을 살고 있다. 원해서 오지 않았지만 주어진 길이기에 최선의 선택을 해서 살아야 할 것이다.

지나온 인생길을 돌아본다. 낯선 숲 속을 헤매고 다닌 것과 흡사하다. 숲에 첫발을 내디뎠을 때의 낯섦 때문에 옹송거렸던 시간들이 종내는 나를 키운 셈이다. 도전하는 삶에서 생의 희열을 설핏설핏 꽃향기처럼 맡는다.

숲은 많은 생각을 하게 했고, 자아를 성찰하는 기회를 제공해 주었다. 또한 나약한 자신의 한계를 발견하는 시간이기도 했다.

바람

　　대지를 가로지르는 바람소리가 분주하다. 백양나무 이파리들이 파르르 떨더니 반짝거리기 시작한다. 바람은 무량겁에서 불어와 산과 들을 지나 내가 사는 이곳까지 내려온다.
　　사물들의 떨림을 볼 수 없다면 바람을 쉬이 인식할 수 있을까. 우리 피부를 스쳐가지 않는다면 바람의 결을 느낄 수 있을까.
　　일상이 단조로워질 때 바람의 딸이 되고 싶어진다. '바하만'의 시구詩句처럼 식탁을 떨쳐버리고 나부끼는 머리를 하고 훌쩍 떠나고 싶다. 일을 뒤로한 채 어디론가 떠남은 일종의 해방이다. 낯선 곳에서 새로운 사물을 접하고 풍경에 취하면 자신도 모르게 감탄이 나온다. 고여 있지 않는 물처럼 세상을 돌아보는 자유로움 뒤에 한 가닥 여운이 생겨 나온다. 그것은 규격화된 일상에서 느끼지 못하는 삶의 생기를 수혈받는 것이다. 더 탄성 있는 삶의 질을 공급받는 것이다.

떠남이 여의치 않으면 상상 속으로 떠날 때도 있다. 그러고도 발걸음이 선뜻 내키지 않는다면 어느 바람 한 줄기를 불러내 본다. 마음은 그 바람에 실려 하염없이 떠나가고 있다.

생각 같아서는 지금이라도 문을 박차고 떠나고 싶지만 이런 생각의 무모함을 잘 알고 있다. 그런 일이 결코 쉽지 않다는 것을. 미지의 세계로 나가고 싶은 만큼 현실에 발목 잡혀 사는 게 우리이기에 말이다.

내 안에 내 아닌 그 무엇이 자꾸 채근을 하고 있다. 평소엔 없는 듯 조용하다가 불시에 휘어잡으려 한다. 어느 적정선에서 돌출되면 고약하기 이를 데 없다. 그것이 은근히 부아를 내면 사실 불안하다. 그게 조짐을 보이면 안절부절 못하지만 도리가 없다. 다독거리며 타이르고 주저앉기를 기다린다. 태풍의 눈으로 확산되지 않기만 바랄뿐이다.

그것이 지나가면 후유증이 심하다. 눈은 퀭해지고 살이 내리며 두통과 졸음이 연거푸 오기 때문이다. 또 그것이 실속 없이 다녀갈 때는 정말이지 두 번 다시 마주치기 싫어진다. 그것은 내 안의 바람이다.

삶의 행로마다 바람의 자취를 엿볼 수 있다. 굳이 우연과 필연을 거론하지 않아도 그렇게 귀결될 수밖에 없는 불가항력의 에너지다. 일이 진척 안 되고 답보상태로 있을 때, 정리하고 판단해야 할 시점이 될 때는 그 에너지의 상승기류와 부합해야 하는 시기다. 일상의 밋밋함에서 부단히 걸어나와 진정한 자아를 실현하고자 하는 몸부림이 시작되는 것이다.

바람의 역량이 아쉬울 때도 있다. 내 주위를 돌며 수년간 고통을 치르게 하는 백지와의 싸움이다. 써보고 싶다는 간절함은 있지만 제대로 써내지 못하는 어줍음이 문제다.

등불 심지를 돋우고 한량없이 앉아 있어보면 끝 가는데 모를 바람이 창문을 덜컹인다. 불빛이 흔들리고 내 마음속은 검게 그을림이 피어오른다. 구겨진 종이와 함께 허탈감과 서글픔으로 아침을 맞는 것이다. 내 꿈의 언저리는 정녕 바람이 닿지 않는 곳인지도 모른다.

미풍이 낯을 간지럽히니 다투어 꽃망울이 피어난다. 한시름 놓을 찰나 꽃샘바람이 불어 냉해를 입는다. 떼로 와서 군무를 보여주는 소용돌이 회오리바람, 경쾌한 산들바람, 한여름부터 초가을까지 위세가 대단한 맹렬한 태풍, 꽃술을 열게 하는 바람, 씨방을 터트려 주는 바람.

태산준령을 넘던 바람도 지금은 쇠잔했는지 접하기가 힘들다. 그동안 홀대 받아 아예 방향을 틀었는지 감감하다. 필요악처럼 늦게야 바람을 부르고 있다. 삶의 동력인 양 불러대고 있다. 뭍으로 달려가 안기는 물결처럼 바람에 실려 꿈의 자락에 도달하고 싶기 때문이다.

바다 위를 훑고 지나는 바람의 너울을 본다. 시작점이 어딘지 모르지만 해안으로 연신 밀려들고 있다. 거스를 수 없는 자연의 힘을 보고 있다. 옛적 서해안 외딴 섬을 넘나들며 풍장을 이끌던 바람은 어디로 갔을까. 육신을 말리고 넋은 하늘에 오르게 하던 바람, 언제 어디서 사멸했는지 알 수 없지만 그 바람을 불러내 낡아지지 않는 굼뜬 상념들을 떠나 보내고 싶다.

 오늘은 높새바람 등을 타고 먼 길을 떠나본다. 깊고 아득한 사유의 세계로.

소나무

　　푸른 안개가 골짜기에 들어차 있다. 명도가 대비되는 소나무들이 스멀거리는 안개에 싸여 몽환적이다. 미명에서 깨어나지 못한 소나무들은 품계석 앞에 조아리고 서있는 신하의 모습과 닮아 보인다. 점차 시간의 실타래가 풀려감에 따라 그 자태가 조금씩 선명해지고 있다. 소나무 껍질은 거북등을 연상시켜 연륜과 풍상이 짐작된다. 거슴츠레한 등피가 쩍쩍 갈라져 거칠기는 하나 고태가 서려있다. 등이 굽어 처진 소나무는 처연하게 보이다가도 빛의 각도에 따라 살아 꿈틀거리는 듯한 착시현상을 주고 있다. 소나무에서 신령스러운 기운이 흘러나옴을 느낀다.

　　소나무 줄기가 저마다 다르다. 쭉 뻗은 것과 사선으로 기울어진 것, 구부정한 것과 좁으나 길게 올라간 것이 어우러져 조화를 이루고 있다. 햇볕을 더 받기 위해 소나무 숲은 삶의 각축장이 된다. 빛을 쫓다가 나무의 모양이 각양으로 변해 있는 것을 본다. 수령이 오래된 것일수록 뒤틀림이 많다. 아래로 쳐져 누운 듯하다가 치솟아 오른 소나무 기둥은 마치 용트림하는 모양새다.

소나무 군락지로 수려한 풍광을 지닌 곳이 많다. 가보고 싶은 곳으로는 울진 소광리 금강소나무 숲을 들 수 있다. 전에 가본 안동 하회마을 소나무 숲도 의미가 있었고, 올봄에 가본 영월 청령포의 소나무 숲도 기억에 남는다. 강물이 휘돌아 흘러 세상과 단절된 곳에 애환이 서린 소나무들이 모질게 남아 옛 이야기를 들려주고 있다.

두 줄기로 쫙 뻗어나간 관음송을 본다. 단종이 유배생활을 할 때 이 나무의 갈라진 가지 사이에 앉아 쉬었다는 이야기가 전해져 오고 있다. 소나무가 단종의 비참한 일을 보았다하여 볼 관觀, 들었다 하여 소리 음音 자를 써 관음송이라고 한다. 특이한 소나무 한 그루가 더 있다. 담장 밖에서 단종어소로 향해 절을 하듯 굽은 모양새가 눈을 끈다. 지지대를 받쳐 놓아 더 이상 처지지 않게 해놓았다. 나룻배에 실려 강을 건넜지만 청령포의 슬픈 역사에서 헤어 나오기가 힘이 든다.

한국인의 나무 문화는 소나무라고 어느 숲 해설가가 말했다. 우리 나이때만 해도 소나무를 목재로 쓴 집에, 소나무 금줄을 치고 태어나서 소나무 장작으로 데운 방에서 자랐다. 죽을 때는 소나무 관속에 들어가 소나무가 무성한 산에 묻혔다. 하지만 오래전 이야기가 되었다.

소나무 숲은 송이버섯의 안식처다. 소나무가 있는 곳에서만 향기 짙은 송이버섯이 자란다. 고기보다 비싸다는 자연산 송이다. 소나무가 죽어서는 그 뿌리에서 약재로 쓰이는 복령을 키운다. 또 소나무 수지인 송진은 오랜 세월을 거쳐 호박이 되는데 마고자에 단추장식으로 흔히 쓰이고 있다. 소나무 태운 재로 먹을 만든다. 송진가루는 야구 경기할 때 투수들이 손에 묻혀 공을 던질 때 사용한다. 연주가들도 활에 송진가루를 묻혀 더 아름다운 소리를 내고 있다. 소나무 꽃가루는 다식을 만드는데 쓰이고, 솔잎을 깔고 쪄내는 송편 맛은 얼마나 맛있는지. 이만한 나무가 정말 흔치 않다.

한국의 이미지를 만드는 사진작가 중에 소나무에 집중하는 분들이 있다. 그분들은 소나무가 한국의 자연을 대표하는 상징이라 여긴다. 소나무도 좋은 것은 궁궐 짓는데 쓰였고, 임금의 관으로 쓰였다고 하는데 잡목은 서민들의 아궁이에 부지깽이로 밖에 쓰이지 않았다. 못생긴 나무가 선산을 지킨다는 말에 수긍이 갔다.

소나무는 늘 푸르러 변함없는 절개를 나타낸다. 그래서 사람들이 좋아하는 나무다. 벼슬을 받은 정이품송도 있고, 소수서원에 있는 소나무들에게는 '학자수'라는 별명이 있다. 유생들의 표상이 될 만한 나무가 소나무였던 것을 알 수 있다. 이 땅에서 가장 흔하면서 가장 귀한 나무가 소나무인 것을 부정할 수 없다.

사진작가 '배병우'씨는 전국의 산을 돌아보고 경주의 소나무를 최고로 꼽았다. 고도古都 경주에는 왕릉이 많아 소나무 중에서도 잘 생긴 소나무가 심겨졌다. 왕릉 주변은 거의 낙락장송이 대부분이다. 어느 왕릉에는 고사한 나무가 한 그루 있었는데 회백색을 띤 채 충성스런 신하인 양 읍소해 있다. 봉분의 주인에게 허리를 굽힌 모습이 기이해 베지 않고 그냥 두었나 보다. 주변의 어린 소나무는 세대교체를 위해 준비한 나무 같아 보인다. 몸체가 쭉 뻗은 소나무가 단연 돋보인다. 전봇대 길이 두 배 정도 되는 것 같다. 가히 왕릉에 심길 만한 소나무다.

소나무가 이만큼 자라기까지 학생들의 손을 빌려야 했을 때가 있었다. 학교에서 단체로 송충이를 잡으러 가까운 산으로 가야 했다. 나무 젓가락과 물병을 들고 소나무 가지에 붙어 있는 송충이를 잡아 물병에 넣었다. 지금 생각해도 살찐 벌레들이 굼실거리는 것 같아 징그러운데 어떻게 그 일을 했는지 모르겠다. 곳곳에서 비명소리가 들리고 깔깔대며 웃던 그런 시절이 있었다.

기후 온난화와 더불어 재선충 때문에 소나무가 사라질 거라는 보도를 접했다. 막대한 비용을 들여 확산을 막고 있지만 결과가 마뜩치 않다. 산 곳곳에 초록색 훈증비닐 설치물을 보면 안타까운 마음이 된다. 전 국민이 좋아하는 소나무가 이 땅에서 길이길이 무성했으면 하는 마음이다.

참꽃

외출하셨다가 들어오신 어머님의 손에 참꽃 한 다발이 들려 있었다. 예감이 이상해 마당을 내다보니 화분에 꽃송이가 하나도 안보였다. 다그쳐 물었더니 길가에 핀 꽃을 꺾었다고 하셨다.

어머님이 전과 다르다고는 더러 느꼈지만 연세 탓이려니 했다. 요즘 들어 당신 돈을 누가 훔쳐 갔다며 흥분하시는 통에 자주 집안이 시끄러웠다. 그럴 때마다 눈빛이 달라지는 것을 느꼈다. 그런 일이 빈번해지니 나도 힘이 들었고, 소통도 안 되어 속이 타들어 가기만 했다.

동네 도서관에서 책을 고르다가 치매에 관한 책이 눈에 띄어서 읽어 보았다. 어쩌면 그렇게 시어머님 증세와 같은지, 큰일 났다 싶어 얼른 집으로 와 남편에게 말했다. 설마했던 일이 생기고 보니 무얼 어떻게 대처해야 할지 몰랐다.

며칠 전에도 밤새도록 안방 문을 두드리며 소리치신 적이 있었다. "내 돈 내놔라"고 소동이 났던 것이다. 옷도 없어지면 며느리가 훔쳐 갔다고 시누이가 오면 이르시는 통에 난감했다.

쓰레기가 문제였다. 동네를 다니시며 온갖 지저분한 것을 다 들고 오셨다. 더운 여름날, 일주일에 한 번씩 트럭에 쓰레기를 실어 돈 주고 갖다버려야 했다. 병으로 인식한 후부터는 어른이 불쌍하기도 했지만 살아 갈 일이 막막해서 울기도 했다.

마당에 꺾어진 꽃가지를 보며 한동안 시름에 젖었다. 매화가 진 후, 허전함을 참꽃으로 채웠는데 아쉬웠다. 당신이 주릴 때, 참꽃으로 허기를 떼운 적이 있다고 했는데 그 허기를 느끼신 것은 아닐까. 어머님 친정이 '화정'인데 '꽃샘'이라는 뜻이다. 꽃샘 마을 뒷산이 꽃으로 물들었던 때가 그리워서 그랬는지 모를 일이다.

어머님의 설움은 아버님이 진주에서 데리고 온 여자와 살림을 차리면서 시작됐다. 그분은 장구깨나 치고, 술 잘 먹고, 웬만한 남자들과 겨루어도 주눅 들지 않는 입담의 소유자였다. 늘 지근거리에서 어머님을 괴롭히고 싸움거리를 만들어 분란을 일으켰다. 이혼을 안 해주니 늘 가시돋친 말을 내뱉고 타박을 해댔다. 어머님은 작은 여자의 상대가 되지 못했다. '순돌'이라는 존함이 말해주다시피 너무 어진분이셨다. 작은 여자는 표독스럽고 배짱도 남달라 아무한테도 지지 않았다.

어느 날 아버님이 건너 오셔서 무자비하게 어머님을 때리셨다. 작은 여자가 뭐라고 일렀는지 그런 일은 빈번했다. 머리에 피가 흐르고 만신창이가 된 몸을 이끌고 어머님은 산 넘어 생전 처음 친정으로 향했다. 소문을 들어 익히 알고는 있었으나 딸을 보고 어른들은 기겁을 했다. 남동생들은 큰누이를 보고 주먹을 불끈 쥐었다.

혈기왕성한 남동생들은 사촌형제들과 합세해 누나를 괴롭힌 작은댁으로 쳐들어 갔다. 사람이 없는 틈을 타서 살림을 부수었다. 집안은 순식간에 태풍이 지나간 것처럼 아수라장이 되었다. 부재중이셨던 아버님이 누구의 소행인지 알아낸 뒤 경찰서에 고발했고 외삼촌들은 묶여 들어갔다. 큰외숙모와 아버님이 담판을 한 끝에 7일만에야 석방되었다는 웃지 못할 일이 있었다.

동네 방앗간에 방아 찧는 소리가 나도 집에는 쌀 한 줌이 없었다. 방앗간 소유자는 아버님이셨는데 작은 여자가 경제권을 차지하고부터 곤란에 빠지셨다. 자녀들 공납금도 항상 꼴찌로 내게 했고, 도시락을 못 싸갈 정도로 양식이 없었다. 겨우 입에 풀칠만 하고 굶어 안 죽을 정도로 주었다고 했다.

학창시절 점심시간이 괴로운 소년은 물과 소금으로 점심을 대신했다고 한다. 혼합곡이라도 실컷 먹은 나는 배고픔을 알지 못해 공감이 되지 않는다. 아들들이 물지게를 져주려고 작은댁으로 가면 변소냄새부터 달랐다는 표현을 요즈음도 모이면 한다.

참꽃 145

먹는 음식이 다르니 냄새도 달랐지 않나 여겨진다.

　봄이 되면 어머님이 동네 쑥을 다 뜯다시피 해서 반 식량을 삼았다. "어머니 아들은 시래기 국도 싫어하고 쑥 냄새도 싫어해요." 언젠가 내가 어머님께 한 말이다. 그걸로 얼마나 식량을 대신했는지 알 수 있는 일이었다. 자식들이 굶어 안 죽고 나쁜 길로 안 빠진 것도 어머님의 희생이 있어서였다. 처지를 비관한 아들 하나 다 키워 하늘로 떠나 보낸 뒤 어머님 가슴에 피멍이 드셨다. 살아 볼까, 죽을까 비상을 주머니에 차고 다니셨다.

　"어머님! 방울방울 피눈물이 참꽃 색깔이던가요?"라고 묻고 싶다.

　한시도 몸을 가만 놔두지 않고 쉴 새 없이 움직이시던 어머님, 집 앞 보도블록에 풀 하나 용납하지 않고 말끔하게 뽑으셨던 어머님, 지금은 보도블록 사이로 자라난 무성한 잡초를 보면서 어머님을 생각한다.

　형제들은 똘똘 뭉쳐 자기 앞가림하며 살고 있다. 자수성가하신 시숙님과 모이면 언제나 성장기 때의 이야기를 한다. 고생이라는 뿌리로 성장해 지금은 튼실한 나무가 되어 있는 가족들이다.

　이듬해 새로 구한 화분에서 참꽃이 피어나 설렘으로 봄을 맞았다. 도로변 가로수 목련도 늦을세라 한껏 꽃봉오리를 틔웠다. 봄을 시샘하는 한파가 지나간 후 두 나무의 모습은 확연히 달라졌다.

"어머님! 저 참꽃 좀 보셔요. 꽃샘추위가 와도 까딱없네요. 목련은 봉긋하게 꽃 빗장 열었다가 참혹하게 변했어요. 우아한 목련이 저렇게 되다니요. 잘난 척하는 며느리를 닮았네요. 고깟 추위도 못 견디고 깔딱 기절하다니요."

시집살이에 한량 서방 눈치 보며 어렵게 사신 어머님, 스쳐간 작은 여자가 하나 둘이 아니었고, 자식 놓고 사는 이도 있었지만 다 초월해내신 어머님. 여린 여인이 세파에 강인해져 가듯, 하늘거리는 여린 참꽃은 어머니 닮은 꽃이다.

헷갈림

　　　　목 줄기에 통증이 생겨 병원을 찾았다. 접수 보는 간호사가 이름을 묻었다. 이름을 댔지만 정확히 알아 듣지 못했다. 대개 '윤경'으로 듣지 않으면 대부분 '운교'로 들었다. 발음이 어려운 이름 탓에 늘 생기는 일이다.
　　Xray 촬영을 하고 차례를 기다렸다. 이름이 불려지고 의사선생님과 대면했는데 나를 쳐다 보고는 자꾸만 고개를 갸우뚱거렸다. 촬영한 영상물을 주시하다가 의사선생님이 간호사를 불러 야단을 쳤다. 무슨 일인가 했더니 앞에 남자환자와 내 Xray 사진이 바뀐 까닭이었다. 남자 환자 이름이 '영옥'이라 여자인 줄 알았고, 남자 같은 내 이름 탓에 혼동을 한 모양이었다. 의사선생님은 의외로 재촬영하라는 지시를 내렸다. 그 소리를 들으니 찜찜하던 생각이 없어져 좋기는 했다. 그러나 두 사진이 남녀 구분이 안 될 만큼 비슷했다는 얘기가 아닌가. 새로 촬영한 영상물을 보면서 의사선생님이 한마디 했다.

"기골이 장대하시네요."

곰곰이 생각해 보니 헷갈릴 만도 하다는 뜻으로 들렸다.

체격과 골격이 커서 생긴 웃지 못할 일화는 또 있다. 오래 전에 모임에 가기 위해 지인들이 가창에 있던 나를 데리러 왔다. 운전석 옆자리가 비어있어 앉게 되었다. 공교롭게도 동승한 분들이 다 남성분들이었다. 오랜만이라 반갑게 인사를 나눴는데 한 분이 악수를 청해 오기에 난감해졌다. 악수를 안 하기도 뭣하고 하기에는 남모를 고충이 있어 멈칫했다. 머릿속이 복잡해졌다. 옛이야기 속에 나오는 토란잎이 필요한 순간이었다. 부드러운 토란잎으로 싸서 거친 손을 감추고 싶었다. 악수를 청하는 손을 못본 체하는 것도 예의가 아닌 것 같아 왼손을 뒤로 내밀었다. 차안은 어두웠고 밖은 도시를 벗어난 지역이라 불빛도 없어 캄캄했다.

"이 손 말고 임 선생 손 주세요."

얼굴이 달아 올랐다. 크고 억센 손이 문제였다. 그 분은 운전석에 있던 분이 장난으로 내민 손이라 여겼던 것 같다. 어둠이 홍조를 감추어 주었지만 그 말은 두고두고 내 머릿속을 헤집고 다녔다.

타고난 것으로 빚어진 헷갈림은 내 힘으로 안 된다. 그렇지만 판단의 오류로 인한 헷갈림은 문제가 되어 다가왔다.

뜨거운 여름 뙤약볕 아래서 시내버스를 기다리고 있었다. 시내버스를 타본 적이 언제쯤 되었는지 기억도 아득했다. 기다리는 버스는 오지 않고 날씨는 더워 숨은 턱턱 막혀왔다. 노선을 잘 몰라 이 사람 저 사람에게 물어 보는 통에 서서히 지쳐갔다. '제 것 없으면 굶어 죽을 화상'이라고 퍼붓던 따가운 엄마의 음성이 귓전을 스쳤다. '그래. 버스노선 묻는 게 무슨 대수라고'. 가로수에서 매미가 목청 따갑게 울고 있었다. 나는 용기를 내 '서재' 가는 버스 번호를 여러 사람에게 물었다. 반응은 시큰둥했고, 한 분만 기다려 보라고 했다.

"아줌마, 아줌마!"

누군가를 향해 다급하게 부르는 소리가 들렸다. 소리는 한 옥타브 높아져 다시 한번 허공으로 흩어졌다. 매미소리와 더불어 다급하고 애절하게 들리는 소리였다. 모두 관심 밖의 사람인 양 멀뚱멀뚱 반응이 없었다. 등 뒤에서 그 소리는 더 크게 들려왔다. 누군가 내 팔을 잡아서 돌아봤다. 소리의 주인공이었다.

"아줌마, 저기 버스 와요."

그분께 버스노선 물었던 게 생각났다. 허공을 맴돌며 찾던 '아줌마'는 결국 나를 지칭한 소리였다. '아줌마' 라는 호칭에 반응이 늦은 이유를 생각해 보았다. 흔해 빠진 '사장'이라는 호칭에 익숙해져 지금의 처지를 망각하고 있었다. 세상의 판도는 바뀌었는데 정신만 제자리걸음을 하고 있었던 것이다. 자조 섞인 한숨이 새나왔다. 꿈에서 깨어나 듯 미망에서 속히 벗어나기를 내 안의 낯선 나에게 주지시켜야 했다.

  차를 기다리는 동안 알 수 없는 분노가 치밀었던 것도 과거를 털어내지 못해서였다. 습관의 잔재를 벗어나지 못한 까닭이다. 버스에 올랐지만 이제 어디쯤에서 내려야할지 몰라 허둥거리며 살펴야 했다. 헷갈리지 않고 찾아가려면 묻고 또 물어야 했으며 흔들리는 버스 안에서 쓰러지지 않으려고 안간힘을 썼다. 세상이 빙빙 도는 것처럼 어지러웠다. 지금 내가 서 있는 위치를 확실히 하기 위해 인식의 전환이 필요한 시점이었다.

증편

　　어린 시절, 방학이면 우리 세 자매는 당숙모님 댁에 들러 며칠씩 지냈다. 일찍 혼자 되시고 자녀도 없이 사신 당숙모님은 우리가 가면 무척 좋아하셨다. 돌담장 밑에 색비름이 유난히 고와 보이던 날, 당숙모님이 그 잎을 뜯어오라고 하셨다. 꽃은 아닌데 꽃처럼 예쁜 잎이 신기하기만 했다. 그것으로 떡을 만든다기에 우리는 옹기종기 둘러앉아 당숙모님을 지켜보았다.
　　빻은 쌀가루를 곱게 채쳐 내리고 생막걸리와 소금, 사카린, 물을 섞어 되직하게 반죽을 만들었다. 뜨뜻한 물 위에 반죽그릇을 올려두고 발효되기를 오래도록 기다려야 했다. 우리는 수시로 들여다 보며 조그마한 기포의 움직임에 반응하며 소란을 피워댔다. 두 번 정도 시간차를 두고 반죽을 휘젓고는 얼마간을 또 기다렸다. 찬찬히 반죽을 보시던 당숙모님이 숙성이 다 됐다고 하시며 시루에 증편틀을 놓으셨다. 면 보자기를 깔고 참기름으로 증편틀 안쪽을 발랐다. 그리고는 반죽을 붓고 색비름 고운 잎을 모양내어 얹었다. 증편틀 안은 꽃밭이 된 것처럼 환해졌다.

불을 지펴 찌고 뜸을 들여 완성했는데 어린 눈에 모든 것이 신기했다. 뜨거운 김을 빼고 두부모처럼 사각형으로 자른 뒤 흑임자를 몇 낱씩 눌러 주고 맛을 보여 주셨다. 꽃물이 알록달록 든 떡이 쫄깃쫄깃한 맛과 함께 목도 메이지 않고 넘어갔다. 증편은 잘 상하지 않아서 여름에 해먹기 좋은 떡이다.

색비름을 안래홍雁來紅이라고도 부르고 색맨드라미라고 부르기도 한다. 안래홍의 뜻은 기러기가 날아갈 즈음에 잎이 가장 빨갛게 된다고 해서 붙여진 의미다. 8월에서 9월에 개화하는데 안동에 살 때 그곳 사람들은 모두 색비름이라고 불렀다.

지금 생각해 보니 당숙모님이 색비름을 무척 좋아하신 것 같다. 고운 잎을 쌀가루 위에 얹으실 때 마음이 어땠는지 물어보고 싶어진다. 다홍색 잎과 노랑 잎을 보며 처녀 때 입던 노랑 저고리와 다홍치마를 연상했는지를. 녹색 잎과 빨강 잎은 새색시 시절 입었던 녹의홍상을 떠올렸는지를 말이다. 남편하고 지낸 시간이 너무 짧아 나중에는 얼굴도 잊었다던 당숙모님, 한평생 무엇을 위해 무엇을 바라며 사셨을까 싶다. 당신의 단정한 가르마처럼 자신이 정한 틀을 벗어난 적이 없으셨기에 늘 존경하며 그리워하고 있다.

몇 해 전, 옆 동네에 '잔기지 떡집'이라는 간판이 걸렸다. 이름이 생소해 궁금증이 생겨 물어 보았는데 증편의 또 다른 이름이었다. 잔기지 떡은 모양이 동그랗게 작고 속에 팥소가 들어간 떡이었다. 증편은 기정떡, 기지떡, 술떡 등으로도 불렸다. 고려시대 때 원나라로부터 들어온 찐빵이 그 원조라고 한다. 그 시절 밀가루가 없어서 쌀가루를 대신해서 만든 것이 지금의 증편이라는 설명을 들었다.

증편은 발효까지 걸리는 시간이 길고 손이 많이 간다. 어떻게 생각하면 증편은 기다림의 떡이라 할 수 있다. 지금처럼 바삐 돌아가는 시대에 이렇게 천천히 만들어지는 음식이 있다는 것이 놀랍기만 하다.

오늘 내가 다니는 밝은골교회 화단에서 색비름 두 종류를 발견했다. 진한 자주색과 녹색에 연노랑이 섞여 있었다. 흔한 꽃이 아닌데 예사로 지나치다가 뜻하지 않게 보게 됐다. 뜨거운 햇볕아래 색색깔로 피어있는 잎을 보면서 보드라운 감촉의 증편을 떠올렸다.

매듭

 기별도 없이 S가 불쑥 찾아왔다. 마루 끝에 털썩 앉으며 긴 한숨을 쉬는 게 무슨 일이 생긴 모양이다. 자고 가겠다는 말까지 하는 걸로 봐서 확실히 보통 일은 아니다. 장사하느라 늘 바쁜 사람이 뜬금없이 점집에 가자고 했다.
 우리 둘은 점보는 쪽으로는 문외한이다. 이웃 형님에게 부탁해 인근에 있는 점집으로 향했다. 한참 서성거리다 대나무가 꽂혀있는 집으로 들어서는데 내심 부끄러움을 감출 수가 없었다. 어둑한 방안에는 오색 종이꽃과 연등이 달려 있고, 양초가 타오르고 있었다. 묘한 기운을 지닌 점쟁이가 입을 열었다.
 "이 대주는 공부를 많이 했으면 나라의 녹을 먹을 사주네." 첫 운을 뗐다. "새댁은 어디가도 이만한 사람 못 만나. 그냥 팔자려니 하고 살아."
 점쟁이 할머니가 그림이 있는 책장을 펼쳤다. S의 얼굴이 한

순간 일그러졌다. 책속 그림에는 한 여자가 보따리를 들고 마당 안으로 들어서고 방안에는 부부가 마주보고 앉아있는 모양새였다. 본처 입장에서 풀이하자면 시앗을 보는 사주다. 예전에는 밥술이나 먹을 만하면 작은댁을 뒀지만 지금은 그런 시대가 아니지 않는가. 듣기에도 섬뜩한 말이 사정없이 그녀의 가슴에 가시가 되어 박혔다.

내가 본 S는 어느 양반댁 기품 있는 마나님 같다. 조곤조곤 말하는 모습도 품위가 있고 예의도 바르다. 귀태 있는 인상으로 미소 지을 때는 같은 여자가 봐도 사랑스러운데 무엇이 문제인지 알 수가 없다.

S는 점괘를 자신의 미래에 반영시키고자 이곳에 왔을 것이다. 작은 위안이나마 얻으려는 심정도 있었을 것이다. 또 어떤 처신을 내리기 위한 방편으로 왔지 않나 싶은 생각도 든다. 사람이 궁지에 몰리면 이런 시도까지 하게 되는구나 싶어 서글펐다.

S와 나는 학창시절을 같이 보냈다. 그녀는 또래보다 어른스러웠고 얌전한 아이였다. 우리 둘은 꽤 친하게 지냈다. 그러나 이사와 함께 먼 지역으로 전학한 뒤로 소식이 끊겼다.

어느 해 구정을 맞아 시댁에 갔다. 남편 친구 부부가 우리를 보러 온다고 연락이 왔다. 인기척과 함께 그들이 방안으로 들어서는 순간, S와 나는 서로를 알아봤다. 반가움에 얼싸안고 뛰었다. 옆 사람들이 둘을 주저앉히다시피 해서 겨우 자리에 앉았다.

호흡을 진정하고 관계를 이야기하니 기이한 인연이라며 다들 놀라는 것이다.

세월이 흐르면서 소문이 간간이 들려왔다. 소문의 진상은 S 남편의 바람기에 관한 것이었다. S는 그동안 내게 그런 내색을 전혀 비치지 않았다.

점을 본 이후 S는 마음을 굳힌 듯 비장해 보였다. 잠자리에 누워서 지금까지 겪은 이야기를 들려줬다. 결혼하기까지 우여곡절이 많았고, 살면서는 큰 일들이 되풀이 되어 산 너머 산이라고 했다. 남편은 한 달로 치면 반은 집에 있고 반은 집을 비운다고 했다. 그즈음 재력을 과시하는 묘령의 여자가 물질공세를 하면서 집을 드나든다고 했다. S는 자기를 투명인간 취급하는 사람들에게 둘러싸여 고독한 투쟁을 하고 있었다.

부부모임을 같이 하면서 남편의 행적은 자연스레 알려졌다. 친구들 사이에서는 여난女難이 많은 사람이라는 평이 돌았다. 부인네들은 그를 빗대어 '1세기'라는 별명을 지었다. '백년에 한 번 날까 말까한 바람둥이라는 해석과 함께 뒷말이 무성해갔다.

S의 셋째 출산 소식이 들렸다. 의아스러웠지만 한편 마음을 굳히기 위한 결정으로 받아들여졌다. 아이는 자신의 마음을 공고히 하기 위한 방편인지도 몰랐다. 어쩌면 남편을 가족의 일원으로 묶어두려는 튼실한 매듭으로 생각되었다. 흔들리는 자신도 함께 엮은 생존의 매듭이 아이였던것 같았다.

S의 남편은 한 달에 사흘만 S곁에 머물다 바람처럼 떠났다. 요즘 같은 세상에 두 집 살림을 했따. 남편의 혼외 아이를 S는 친자로 받아들여 호적정리를 해주었다. 그 속이 어땠을지 생각하면 마음이 순간 아려온다. 여느 사람들과는 분명히 다른 그녀를 다 이해할 수 없지만 보듬어 주고 싶었다. 그래서 한 때 해서는 안될 말도 많이 했다.

인연이라는 질긴 그녀의 매듭을 떠올린다. 보통 사람이라면 끊어져도 몇 번은 끊어졌을 인연의 매듭은 시간이 갈수록 더 결속되어 간다. 누가 뭐라 해도 자기 자리를 단단히 고수하면서 살아가고 있다.

사람이 인내할 수 있는 한계점은 어디까지일까. S가 때로는 독하다는 생각이 들기도 했다. 지금껏 숙명이라 생각하고 묵묵히 견뎌내 해탈의 경지에 이른 S, 친구지만 더 없이 장해 보인다.

결혼 풍속이 많이 변했다. 수명이 늘면서 만혼이 대세를 이루고 아예 결혼이라는 제도 속으로 들어가지 않으려는 사람들도 많아졌다.

주위에는 예쁘게 살아가는 부부도 많고, 위기에 처한 부부도 있다. 수십 년 동안 살면서 애틋한 사랑은 퇴색됐지만 무심한 듯한 정으로 지내는 부부들이 대부분이다. 힘들게 살아낸 세월 때문에 그것이 아까워 돌아서지 못하는 사람들도 분명 있다. 저무는 황혼녘에 쓸쓸히 남남으로 돌아서는 사람들이 늘어나 가슴 아프다. 매듭으로 묶였다가 풀어내기까지 갈등은 말로 다 표현할 수 없을 것이다. 야문 인연의 매듭 질끈 묶어보라고 말하고 싶지만 내 코가 석자인 까닭에 참견할 계제階梯가 못된다. 우리부부는 순이네보다 더 나을 것도 내세울 것도 없다. 나이 든 지금 아침이면 생사여부를 확인하는 정도로 싱겁고 무미건조하다. 설렁설렁 헐거워진 채로 있지만 매듭은 아직 유효하다.

 이제 먼 구비를 돌아 큰 산이 되어있을 S, 그녀에게 문득 해줄 말이 생각났다.

모시

'모시 바람을 입다'

한산모시축제 슬로건이다. 모시의 명맥을 잇고자 해마다 충남 서천군 한산면에서 여름이면 축제의 장을 펼친다. 옛사람들은 풀에서 어떻게 실을 뽑아낼 수 있었을까.

장미목 삼과 삼속에 속하는 한해살이 풀인 마麻는 구석기시대부터 섬유로 사용하기 위해 재배해 왔다고 한다. 삼베는 대마, 모시는 저마라 하며, 리넨은 아마사에서 얻는다. 가장 오래된 섬유이며, 무명을 재배하기 전에는 거의 다 마를 사용했다고 추측하고 있다.

여름방학을 맞아 시골에 가면 집집마다 할머니들이 모시 만드는 일을 했다. 수확한 모시의 껍질을 벗겨 물에 적시고 말리기를 반복한 다음, 이빨이나 손톱을 이용해서 한 올씩 쪼개 길게 훑어 실을 만들었다. 그 실을 무릎에 문지르거나 손가락으로 비벼 꼬아 길게 잇던 모습을 기억하고 있다. 무더운 여름에 쉬지 않고 한결 같이 가는 실이 무슨 명줄이라도 되는 것처럼 손을 놀리셨다. 동그랗게 사려 놓은 실무더기를 보면 가늘고 하얀 실이 눈부시게 고와 보였다.

모시는 깨끼 바느질이 어렵다. 바늘도 워낙 가늘고 섬세하여 신중을 요한다. 깨끼 바느질법에는 두 가지가 있는데 '곱솔'과 '쌈솔' 바느질이다. 곱솔은 주로 비치는 천일 때 쓰고, 모시는 쌈솔 바느질이 좋다. 올이 밀리지 않게 하며 아래, 위의 바느질 자국이 똑같게 된다. 곱다란 바느질 자국이 정갈하고 새뜻하다.

낡은 모시옷을 버리기 아까워 가지고 있다. 이런저런 궁량을 하다 헤진 모시옷에 모시조각을 덧댄 후 수를 놓았다. 팔꿈치 부분과 소매 근처에 꽃이 피어났다. 입고 나가면 앙증맞다고 하는 사람, 여우같이 수를 놓았다는 사람, 옛날 사람 취급하며 다양한 잣대를 들이댔다. 잘못하면 누더기로 보일 수도 있지만 누가 뭐라 해도 까슬까슬한 감촉과 시원함이 좋아 한여름이면 입는다.

모시는 손질하는 것이 수고스럽다. 빠듯하게 풀을 먹여야 힘이 있고, 몸에 착 달라붙지 않는다. 찹쌀풀을 끓여 식힌 후 농도를 맞추고 옷감을 적셔 조물조물 주무르다가 짠 후 훌훌 털고 말린다. 바짝 말리지도 말고 젖은 느낌이 많아도 안 된다. 적당히 꼽꼽할 때, 모양을 바로 잡도록 손으로 약간씩 당겨준다. 아기 다루듯 살살해야 올이 밀리지 않는다. 개어놓고 수건으로 싸서 발로 자근자근 밟아 준다. 녹녹하게 모시가 차분해지면 은근 슬쩍 거풍을 해준다. 천이 적당한 보습을 유지하고 있을 때 다리미로 다려준다. 힘을 너무 주면 결이 밀리므로 일정한 힘으로 눌러 줘야 한다.

풀을 먹이면 올이 빳빳하게 살아나고, 다림질하면 결이 반듯해지는 모시, 촘촘하고 깔깔한 8폭 모시치마 한 올 한 올마다 청량한 바람이 지나간다. 그 고아한 맵시가 여름을 제압하고 있다.

4

마음 속의 집을 새로이 짓고자 한다. 그늘에 오래 말린 고단한 목재와 수없이 짓이겨진 가슴 아픈 흙으로. 나무와 흙은 서로를 알아봐 상처를 감싸 듯 엉겨 붙어 튼튼해 질 것이다. – 마음 속의 집

- 마음 속의 집
- 풍금
- 눈물방울
- 주상절리를 품다
- 폐사지
- 절명여
- 외씨 버선
- 고향
- 느림에 대하여
- 모시옷 이야기
- 납월회일

마음 속의 집

　　　　　마음 속에 그려온 집이 있다. 산수가 수려한 곳, 세상을 등진 것 같은 곳에 그 집은 존재한다.
　시절을 따라 지은 집은 아니지만 낮은 돌담이 정감 있어 보이는 곳, 대문에서 안마당까지 보폭마다 동그란 마당석이 놓여 있고, 하얀 자갈이 깔린 곳에는 수더분한 돌확이 하늘을 담고 있다. 황토와 목재로 마감한 실내는 안정감이 있고 마루가 있어 푸근하다. 세간은 별로 없어도 책과 그림 그리고 음악만이 들어찬 곳이다. 창호지를 투과해 들어오는 햇살, 그윽한 솔향, 야생화가 피고 지며 서걱거리는 댓잎의 흔들림이 있는 곳이면 족하다.
　교외를 벗어나 농촌지역으로 접어들 때, 마음 속의 집은 소리를 낸다. 어디엔가 꼭 그런 집이 있을 것 같아 눈을 두리번거리게 된다. 등 굽은 소나무나 정자라도 보면 어느새 동네를 탐색하는 자신을 발견하고 스스로 놀랄 때가 있다.

북촌 한옥마을에 가서도 한옥의 장점을 살려 개조한 집의 실내외를 둘러보며 상상력을 접목시켰다. 내가 개조한다면 방바닥에 황토를 깔고, 그 위에 숯을 깔아 쾌적함을 더했을 것이라고. 집을 구경하다가도 부분적으로 마음에 들지 않으면 구조를 비롯하여 외형이나 지형을 멋대로 바꾸는 상상을 해버리는 것이다. 수시로 이상적인 집을 마음속으로 구상하는 이 습성은 쉽게 고쳐지지 않을 것 같다.

　　청도의 어느 촌락을 지나가다가 마음에 이끌리는 집이 눈에 띄었다. 수없이 그려온 마음 속의 집과 은근히 닮아 보였다. 감나무가 군락을 이룬 집에 이르자 내 가슴은 출렁거리기 시작했다. 해묵은 기와가 얹힌 집을 본 까닭인데 살며시 치올림해 있는 처마곡선이 나무기둥과 어우러져 멋스러워 보였다.

　　빈집이라 선뜻 들어설 수 없었지만 손은 어느새 대문을 밀치고 있었다. 퇴락한 빈집의 주인에게 마음속으로 용서를 구했다. 삶의 애환이 스쳐간 자리는 누가 탐낼 만한 것도 없었다. 장독대엔 오래되어 푸석한 느낌의 단지가 몇 개 먼지를 이고 있었고, 허름한 헛간에는 주인 잃은 농기구들이 보였다. 공허만이 마당한 구석 호박잎 위에 소롯이 내려앉아 있었다.

　　풍수는 잘 모르지만 집터는 편안해 보였다. 방문 고리를 당기니 묵은 세간이 보였다. 벽에는 갓 쓴 노인의 얼굴사진이 나를 노려보는 듯 있었고, 빛바랜 아가의 첫돌 사진이 웃고 있었다.

다들 어디가고 흑백사진만 바람벽을 외롭게 지키고 있는 것인지.

　사랑채 마루에 주인처럼 걸터앉았다. 기둥마다 붓글씨를 써서 붙인 한지가 희미하게 남아있어 세월이 묻어났다. 한 세대가 떠나간 흔적들이 마음을 스산하게 만들었다. 사람의 손길이 오래 닿지 않으면 집은 쉽게 낡아버린다. 먼지 자욱한 이곳도 쓸고 닦으면 윤이 나서 반들거릴 것이다. 휴지로 쓰윽 한번 문지르니 나뭇결이 선명하게 드러났다. 수많은 발자국이 디뎠을 마루를 바라보며 더 이상 퇴락하지 않았으면 하는 마음이 들었다.

　옛날 전통 한옥은 여름을 지내기에 제격이었다. 대청에 발을 드리우고 뒷문을 열어 놓으면, 뒤란에 갇혔던 바람이 솔솔 나왔다. 모시옷을 입고 부채를 부치면서 돗자리에 누우면 더위가 한 발 물러갔다. 후덥지근한 저녁에 두레박으로 물을 길어 등목이라도 치면 한기가 오싹 일어났다. 낮에 베어놓은 쑥대무더기에 모깃불을 피우고 등겨를 보탠 불에 감자를 구워 먹던 사람들이 눈에 선하다. 늦가을 감은 다 따지 않고 까치밥으로 남겨 두어고왔다. 공생의 의미로 남겨진 감은 노을빛과 함께 더 붉어갔다.

　아담한 시골집을 구한다면 격자 창살에 한지를 바르고 문고리 주변에 국화잎을 덧붙여 모양을 내고 싶다. 국화잎 문양은 추억을 새록새록 생각나게 할 것이다. 새 한지를 바르고 나면 그 질감의 팽팽함이 산뜻하게 다가온다. 전에는 흔히 보던 모습이었지만 한옥이 사라지면서 볼 수가 없다. 온돌장판도 구경할 수 없는 이 시대를 살아오면서 점점 옛것이 그립다. 들기름과 콩기름으로 윤을 낸 노란 장판지 냄새가 어디서 솔솔 나는 것 같다.

달빛이 그윽하면 방안으로 초대할 것이다. 찻물을 데우면 찻잔이 달빛을 머금어 오묘한 차맛을 우려낼 것이다. 하지만 찻잔과 달빛의 조우가 외려 나를 고적한 기운으로 몰아갈 수도 있다. 그럴 때면 '박제가'의 '제문형상화첩후발題文衡山畫帖後跋' 속의 한 사람을 불러내고 싶을 것도 같다.

> 가을볕이 방에 비친다. 그림을 펼쳐놓고 정신없이 노닌다.
> 꽃나무가 그윽이 깊고, 안개 낀 강물은 둘레를 감돈다.
> 봄 숲에 아름다운 바위는 그윽한 분위기를 자아낸다.
> 그리고 술동이를 놓고 들창을 열고 있는 사람을 본다.
> 아! 어찌해야 이 사람과 더불어 즐거움을 함께 누려 볼거나.

방안으로 슬그머니 들어오던 가을 햇살처럼, 그림 속 그의 방안으로 놀러가 술 한잔하고 싶다는 사람이 있는가 하면, 주인 없는 빈집에 들어와 제멋대로 집을 재단하는 나같은 사람도 있다.

기실, 나는 굳건한 마음 속에 집을 원한다. 모진 시련과 폭풍우가 와도 끄떡없는 그런 집을 가지고 싶다. 주저앉지 않고, 두 주먹을 불끈 쥐고 맨 땅에서 버틸 수 있는 그런 견고한 마음 속의 집이 필요하다. 정신세계가 허해서 그런지도 모른다. 그간의 집은 모래 위에 지은 집이었다. 아무리 굳건히 지탱하려 해도 와해되어 버리고 마는. 지난 시간들이 내게 말을 걸어오고 있다. 단단한 반석 위에 집을 지으라고 종용하고 있다.

　마음 속의 집을 새로이 짓고자 한다. 그늘에 오래 말린 고단한 목재와 수없이 짓이겨진 가슴 아픈 흙으로 지을 것이다. 나무와 흙은 서로를 알아봐 상처를 감싸듯 엉겨붙어 튼튼해질 것 같다. 끌질, 톱질, 대패질로 모난 심성을 반듯하게 하여 한 치의 오차도 허용하지 않으련다. 그렇게 산전수전 다 겪은 장인의 손으로 야물고 참한 집을 지으려 한다.

풍금

찻집 구석진 자리에 풍금이 놓여 있다. 거무죽죽한 외양이 세월의 흔적을 느끼게 한다. 그 모습이 마치 잊혀져 가는 배우 같다. 옛 명성은 사라지고 사람들의 기억에서 멀어져간 은막의 스타처럼 보인다.

사람들은 풍금을 발견하고 나면 약속이나 한 듯 탄성을 지른다. 반가운 이를 만난 것 같이 만져 보고 눌러댄다. 한때 유명했던 배우를 늘그막에 대하듯 생경스러워 하면서 호기심을 갖는 다.

슬며시 나도 풍금 건반을 눌러 본다. 겨우 미, 레, 도 소리 밖에 나지 않는다. 성한 곳이 없어 삐거덕대며 슬픈 소리만 난다. 발판은 아예 눌리기조차 어려울 만큼 힘이 든다.

초등학교 시절, 음악시간이 들면 5~6명의 아이들이 풍금을 옮겼다. 덩치가 커 무거웠지만 노래 부를 생각에 힘든 줄 몰랐다.

풍금소리에 맞춰 목청껏 노래를 부르고 나면 왠지 모를 희열을 느꼈다. 우리들의 희망이 소리를 타고 허공으로 분사되는 것 같았다. 그 소리는 알 수 없는 그리움에 젖게 했다. 어떨 때는 내밀하게 속삭이는 영혼의 소리로 들렸다가 어떤 때는 근원적 슬픔이 깔려있는 시원의 소리처럼 들렸다. 때로는 뭉게구름 위에 누운 듯 평온함을 느끼기도 했으며, 막연한 호기심의 발동으로 어디론가 가고 싶은 충동을 느끼게도 했다.

그 시절은 풍금을 칠 줄 아는 아이가 드물었다. 교회에서 반주하는 아이들 몇몇 있기는 했다. 음악시간에 '꽃밭에서', '따오기', '오빠생각', '나뭇잎 배'를 많이 불렀다. 지금도 그런 동요는 아련한 시절을 떠올리게 만든다.

풍금을 보고 있으니 내게 말을 못 건네던 한 소년이 생각난다. 외할머니와 교회에 가면, 그 아이는 멀찌감치 앉아 풍금소리에 맞춰 찬송가를 열심히 부르고 있었다. 할머니들은 민요처럼 천편일률적으로 부르셨지만 우리는 낭랑한 소리를 냈던 것 같다. 교회 종소리와 찬송가와 매미들의 합창이 어울려 먼 하늘가로 퍼져갔다.

한 여름밤의 흔한 광경은 모깃불을 피우고 둘러 앉아 노는 것이었다. 나무에 불이 붙으면 생쑥을 얹어 연기를 피웠다. 매캐한 연기가 밤하늘가로 퍼지면 할머니는 감자를 불속에 묻었다. 동네 분들이 등목을 치고 나서 부채를 하나씩 들고 모여 들었다.

멍석 위에서는 이야기꽃이 피어났다. 감자 익는 냄새가 솔솔 풍기면 불속을 헤집어내서 감자를 벗겨 먹었다. 모깃불이 사위어 가도록 이야기는 끝이 나지 않았다.

진작부터 흙담벼락에는 사내애들이 여럿 달라붙어 마당 쪽을 힐금거리며 보고 있었다. 어둠사이로 언뜻 봐도 그 아이 모습이 보였다. 어른들이 불러 마당가로 왔지만 겸연쩍은지 감자를 쥐어줘도 퍼뜩 받지 않았다. 나뭇가지로 흙마당에 빗금만 죽죽 그었다. 나는 입술을 황급히 닦았다. 검정이 혹시 얼굴에 묻지 않았는지 걱정이 되었다.

소년은 소리 내지 않는 풍금처럼 좀처럼 말을 하지 않았다. 길에서 마주치면 화들짝 놀라 저만치 뛰어가버렸다. 속으로 은근히 맹꽁이라고 나무랐지만 나라고 별반 다를 바 없었다. 방학이 다 지나도록 찬물에 기름 돌 듯 서먹한 사이는 좁혀지지 않았다.

겨울방학에도 외할머니를 따라 새벽기도를 다녔다. 전도사님의 반주로 새벽을 열면 싸한 공기 속으로 풍금 소리가 퍼져나갔다. 톱밥난로가 타들어 갔지만 교회 안에는 온기가 없어 오들오들 떨었다. 찬송소리마저 떨려 나왔는데 먼저 와 있던 그 애가 두툼한 방석 두 개를 포개어 내 쪽으로 밀었다. 말없이 주고받은 방석 위에 부끄러움을 담아 냉큼 앉아버렸다.

풍금소리가 외롭다고 느껴 질 무렵, 소년은 키가 훌쩍 커 버린 것 같았고 내 얼굴에도 어느새 마른버짐이 점점 엷어져 가고 있었다.

 닳고 생채기 난 풍금은 어릴적 소년과 닮았다. 풍금에 있는 온갖 흠집은 소년의 빡빡머리에 있던 기계충 흉터 비슷했다. 너절한 옷차림과 기운 검정고무신짝이 눈에 선연히 다가온다. 모두가 유년의 창고에 깊숙이 자리한 추억이 되어 버렸다.

 지금은 들을 수 없는 풍금소리, 사랑하는 이들의 푸념이라도 좋을 목소리처럼 다시 듣고 싶다.

눈물 방울

　　은빛 모래밭에 그토록 오래 앉아 있기는 처음이다. 파도가 발을 간질이도록 내내 어떤 생각에 빠져 있다. 산다는 것이 힘에 부쳐 휘청거릴 때면 나도 모르게 바다로 오게 된다.
　　잔잔히 밀물이 밀려들면서 내 안에도 공허가 밀려들고 있다. 슬며시 시장기가 돌지만 음식으로 충족되지 않는다. 시장기는 그리움과 맥을 같이 하고 있다. 나를 허탈하게 하는 이 그리움의 실체는 아득히 먼 곳에 존재한다. 쉽게 도달할 수 없는 곳에 자기만의 움을 고집하고 산다. 고뇌의 긴 터널을 지나오면서 그를 알아보게 되었다. 벼랑 끝에 서면서 그를 찾고 있다. 그를 사람들이 진주 패貝라고 부른다.
　　바다는 그의 우주다. 그는 고독한 성주로서 암자록색의 집에 칩거한다. 해조음이 들려오는 바닷속, 조금이 가까워지면 몸을 뒤척이며 바깥세상을 동경한다.

어느 날, 그는 숨을 쉴 때 입수관으로 들어온 정체불명의 유기물과 맞닥뜨린다. 그것은 삶에서 뜻하지 않는 시련과의 조우다. 유기물로 인해 그는 긴장을 늦추지 못하는데 이것을 내뱉지 못하면 서서히 병이 들기 때문이다. 삶의 의지를 보이는 조개는 탄산칼슘과 콘키올린이라는 단백질을 분비해 유기물의 일종인 불순물을 둘러 싼다. 불순물은 자연히 그의 몸 안의 핵이 되고 만다. 점액질이 여러 번 막을 싸는 일은 생명보전의 격렬한 몸부림이다. 공생 관계에 돌입한 조개의 모습은 사막의 은수자를 닮은 것 같기도 하고, 화두를 품은 면벽 수도승 같기도 하다.

시간이 흘러 그에게서 오묘한 광채가 흘러나온다. 그 빛은 고통의 살 떨림 이후부터 나온 것 같으며 뭇별들의 반짝임에 견줄 만하다. 은은한 격조의 자태를 지닌 그의 눈물은 서서히 별이 되어가고 꽃이 되어간다. 내공의 힘이 조개를 고승의 사리와 닮게 만들고 성화의 후광처럼 은은한 빛이 뿜어져 나오게 한다.

세상 사람들은 그를 눈물방울에 비유한다. 걸어온 길이 눈물밭이어서 그런지 그를 가까이하면 눈물 마를 날이 없다고 한다. 누가 뭐라 해도 이 눈물방울을 지니고 싶다. 진주를 연모하는 나의 마음이 그런 우려를 능가하고 있기 때문이다.

청순한 소녀가 진주를 지닌다면 소녀와 진주는 있는 그대로가 아름다움이다. 자기 일을 가진 여인이 가진다면 더할 나위 없는 치장이 될 것이다. 진주의 가지런한 배열이 단순호치의 미인처럼 돋보이게 할 테니까. 쓸쓸해 보이는 여인이 진주를 지녀도 괜찮을 것이다. 그녀는 검은 옷을 즐겨 입기에 흑백의 조화로 고아한 미를 발산할 것이다. 그녀의 속눈썹 위에 얹힌 우수의 그림자를 진주는 지워낼 수 있을 것만 같다. 원숙한 여인이 그를 가까이 해도 어울릴 것이다. 인품의 깊이와 진주의 격조가 상통해 서로 빛이 날 것이다. 절망을 느끼고 있는 자에게 선물처럼 주어졌으면 좋겠다. 세상과 당당히 맞서 보라고 진주가 귓속말을 해줄 것 같아서다. 회한을 곰삭혀 온 서로의 가치를 인정해 주면서 말이다.

그가 탐욕스러운 여인과는 의절했으면 한다. 탐심과 욕망은 아무리 봐도 그와 거리감이 있다. 그녀의 목덜미에서 떨고 있을 진주를 생각하면 우울해진다. 그는 가진 자의 취득물일 수는 있지만 결코 빛을 발하지는 않을 것 같다.

나는 과정이라는 통과의례를 높이 사고 싶다. 결과만을 놓고 판단하는 이 시대의 오류를 지적하고 싶다. 땀의 계단을 밟아본 자가 삶의 진면목을 지닌 자다. 한낱 풀잎처럼 미미하나 쓰러졌다가 다시 일어서는 사람들, 그들이 시간의 수레바퀴를 돌리는 주역이다.

미완에서 완성으로 가는 길은 왜 고통을 수반하는지, 세상에서 빛나는 것들은 왜 질곡의 터널을 빠져 나와야 하는지 이제 조금 알 것 같다. 굴절된 삶의 중심에 내가 있었고, 변명의 여지인 과정이 없진 않다. 슬픔 속에 가라앉았다가도 이따금 냉소를 짓는다. 기어이 해내고 살아냈다는 안도감과 동시에 쓸쓸한 허탈감이 교차되는 까닭이다. 이 모든 과정을 나는 찬란한 슬픔이라 명명해 본다.

  세상의 빛나는 것에 대하여 경외심을 가진다. 역사에 길이 남는 사람들과 문화유산들조차도, 숯이 금강석이 되기까지의 시간들과 거듭 썩어야 맑고 깨끗한 소리를 내는 목재의 차디찬 논리마저도. 그리고 어르신의 은발과 사랑을 실천하는 사람의 눈동자에 대해서도.

  가공하지 않은 아름다움, 이 순수의 빛깔은 태고의 바닷속에서 긴 밤을 보내고 있다. 도드라지지 않는 처연한 미의 소유자인 진주, 진주의 품격에 도달하지 못하나 기다림의 끈을 놓지 못한다. 내 눈물 한 방울 보탠 그의 이름은 진주眞珠이다.

주상절리를 품다

봄꽃은 몸살을 하며 피어났을 수 있다. 잎이 나오기도 전에 꽃망울을 터트리기란 숨이 벅차지 않았을까. 가만히 귀기울이면 돋아나는 움도 앓는 소리를 낸다. 지표를 뚫고 나오기까지 겹겹의 빗장을 열고 마침내 속살을 내밀 때, 강한 생명의 열기를 느끼게 된다. 그래서 개화를 꽃몸살이라 하고 싶다.

개짐에 묻은 혈에 놀라 혼란스러워하던 소녀시절, 사춘기가 몽롱한 봄날처럼 시작되었다. 어른들은 우리 나이를 물으며 꽃이 피는 시절이라고 전언(傳言)했다. 춘정을 못이겨내 청춘을 구가하던 때도 있었다. 결혼을 하고 엄마가 되어 아이가 아이를 키우면서 좌충우돌했다. 사회적 책임을 질 나이가 되면서 열심히 사는데 발목 잡는 일을 당하고 말았다.

에스트로겐의 위력은 대단했다. 화가 불쑥불쑥 치밀어 올라 별것 아닌 일로도 심기가 틀어졌다. 갱년기는 유통기한이 다되어 가는 통조림같이 팽창되어 갔다. 관절에 이상이 생겨 삼 년 동안 네 번 수술대에 올랐다. 회복은커녕 외려 우울증이 몰려와 힘이 들었다. 이대로 퇴물이 되는 건 아닌지 자신이 없어지던 나날이었다.

돌아보니 한 세상 열정으로 살아왔다. 느릿하게 걸어 본 적 없이 뛰어 다녔다. 세상과 부딪치며 아픔도 있었지만 사회 일각에서 책임진 역할로 인해 뿌듯해 하기도 했다. 청춘의 뜨거운 피가 그걸 가능하게 했던 것이다.

언제부턴가 나의 존재는 가족이라는 테두리에 가두고 없는 듯 살았다. 아내와 엄마라는 이름으로 자신을 삶이라는 용광로에 뜨겁게 녹여냈기 때문이다. 그런 헌신은 보상심리를 비켜나야 아름답다지만 품을 떠나보낸 지금 왠지 가슴이 허허롭다. 자신을 좀더 배려했더라면 하는 후회가 생긴다. 그랬다면 자존감이 지금처럼 바닥을 치고 있지 않았을 성 싶다.

자신이 재단하고 설계한 꿈을 꽃피우고자 했지만 불협화음을 내며 꼬여 갔다. 젊어서는 무언가를 이뤄내 스스로 자축하는 불꽃놀이를 염원했다. 그러나 삶이 궤도를 이탈했을 때, 평범한 일상마저 사라졌을 때는 당혹감에 떨었다. 저간의 나라는 사람이 얼마나 자만에 넘쳐났던지를 깨달았다.

사람은 때로 울분을 토해내거나 화를 분출해 내고 나면 속이 후련해진다. 마음대로 되지 않는 세상을 향해 분노를 표출해야 살 것 같았다. 내 마음은 언제까지 휴화산처럼 잠잠할 것 같지 않았다. 화는 적정선을 초과해 있었고, 끝내 활화산처럼 폭발했다. 그 후유증은 유독가스와 화산재가 되어 떨어져 내렸다. 재를 덮어쓴 몰골로 영혼은 표류하기 시작했다. 가식으로 점철된 옷을 입고 겉은 웃어도 속은 짓물러 내렸다. 표정 없는 얼굴로 마음은 암석처럼 굳어 갔고, 다시금 균열을 일으켰다.

그동안 내팽개쳤던 절대자를 어느 순간에 부르고 말았다. 뜨거운 눈물이 흘러내렸다. 영혼을 적셔주는 한 바가지의 물을 벌컥벌컥 들이켰다. 아무도 내 가는 곳까지 동행할 수 없다 했지만 그분만은 달랐다. 돌 같던 마음은 틈새가 벌어지고 희망이 빛처럼 서서히 비집고 들어왔다.

까마득한 옛적 제주에서는 지열이 끓었고 지층의 틈새로 화염이 치솟았다. 천 도가 넘는 내열이 모든 것을 불덩이로 만들었다. 뭐든 다 녹아 마그마가 되어 흘러갔다.

마그마를 냉각시키는 것은 물의 영향이 절대적이다. 주상절리는 그러기에 해안가나 강가에 자리하고 있다. 냉각과 응고에 따른 부피 수축으로 오, 육각형 모양의 규칙적인 균열이 생겨난다. 암석들은 같은 형태로 수직기둥이나 아니면 수평으로 흐르다 식어 굳어버린 신비한 모습을 하고 있다. 흔치 않은 광경이라 생경스러울 수 있는데도 그 자리를 쉽게 떠날 수가 없다.

돌들이 수직으로 즐비하게 서있는 주상절리를 본다. 그 돌에는 지나온 시간들의 화인이 적나라하게 남아 있다. 불과 물 그리고 열정과 냉정을 거쳐 온 주상절리대가 저만치서 나를 쳐다보고 있다. 이상하게 그 위로 나의 생애가 주마등처럼 지나간다. 시련이 잦아든 뒤, 모처럼 내 모습을 돌아본 적이 있다. 마른 수숫대 같이 버석거리는 몸을 체감하면서 삐뚤어진 손가락 마디마디를 주무른다. 이제는 몸은 둔해지고 근육도 빠져 나가 여기저기 성한 곳이 없다.

노년의 자화상을 응시하듯 주상절리를 다른 각도로 보고 있다. 남다른 아픔의 흔적들을 보며 주상절리가 따뜻하게 품어짐은 같은 질곡의 여정을 걸어왔다는 생각이 들어서다. 다시 가라 하면 못갈 것 같은 인생의 한 꼭짓점을 회상한다. 불로 뜬 뜸을 옴팡지게 견뎌낸 암석이 주상절리여서 애틋하다. 앞으로도 다함없는 애정을 가지고 쳐다볼 것 같다. 파도치는 주상절리 위로 여자의 일생이 비껴 지나가고 있다.

폐사지

　　학교 운동장 한쪽에 누더기 탑이 있다. 시멘트가 곳곳에 발린 삼층탑이다. 층마다 돌의 색깔도 다르고 옥개석의 전각 끝부분이 처마 끝처럼 날렵해야 하는데 볼상사납다. 이 탑은 행색만큼 수난도 많았다.

　　안내문을 읽어 본다. 봉림사는 신라 구산선문 중의 하나로 지금의 창원대 뒤에 그 터가 남아 있다. 이 탑은 원래 봉림사지에 있었다. 일제강점기 때 일본으로 반출될 목적으로 부산으로 팔려갔다가 원래 위치로 돌아왔다. 그간 관리가 소홀하여 심하게 파괴되었던 것을 1960년에 창원교육청이 현재 상북초등학교로 옮겨 놓았다. 1995년 봉림사 터를 발굴 조사할 당시 본래 탑이 놓였던 자리가 발견되었.

　　이 탑은 2층의 받침대 위에 3층의 탑신을 올린 석탑이지만 여러 차례 옮기는 과정에서 재료의 일부가 유실되고 파손도 심하여 제 모습을 잃어버렸다. 없어진 받침부분과 2, 3층의 지붕돌 및 꼭대기를 뒤에 복원한 것으로 원래의 재질이나 조각기법과는 차이가 있어 보인다. 조각기법으로 보아 통일신라시대의 양식을 계승한 고려시대 초기의 석탑으로 추정되고 있다.

 탑을 보고 나니 봉림사지를 찾지 않을 수 없었다. 골프장 가는 길에 안내판이 보였다. 동네 어귀를 지나 외진 산길을 오르니 겨울이지만 땀이 났다. 산길을 얼마쯤 올랐는데 길이 우측으로 꺾이더니 길이 비좁아졌다. 대숲으로 둘러쳐진 어둡고 좁은 길을 지나니 갑자기 계곡이 나타났다. 주위를 살피니 잔설이 남아 있는 음습한 곳이었다. 윗길로 가야할 것으로 추정하고 마른 풀더미를 헤집고 올라갔다. 넓은 공간이 보였으나 황량했다. 그곳엔 갈대와 은빛 억새와 묵은 쑥대강이들이 운집해 바람에 휘날려 을씨년스러웠고, 대숲의 일렁거림이 거세지면서 금방이라도 무엇인가 출몰할 형국이었다.

 적멸의 한 가운데 홀로 던져진 느낌이 들었다. 폐허 그대로인 채 하늘만 유독 푸르러 보였다. 그럴싸한 게 아무것도 남아있지 않았다. 습지인 채 남아있는 연못터와 건물터만 가늠할 수 있을 뿐이다. 그때나 지금이나 하늘은 같은 푸른색으로 이어져 오고 있는데 다 어디로 사라져 갔을까.

 한때 구산선문의 하나로 많은 스님들이 기거했던 절이다. 화두를 품고 그때 묵언정진했던 선승들은 다 성불을 이루었는지.

걸음을 옮겨 사방을 훑어보니 군데군데 주춧돌이 보였고 안내문과 절터를 알리는 작은 비가 서 있기는 했다. 역사적 가치가 있는 유물은 경복궁으로 옮겨 놓았다고 적혀 있었다.

나는 한 발씩 내딛으며 그때의 영광과 몰락을 음미해 보았다. 나라나 종교나 개인사도 다 흥망성쇠가 있기는 마찬가지인가 보다.

기와의 잔해가 여기저기서 말을 걸어 왔다. 나와 눈맞춤이 시작된 것이다. 깨진 기와 조각을 만져 보니 오랜 지기를 만난 것처럼 반가웠다. 빗금무늬와 우물정자 무늬, 여러 형태의 문양들이 세월을 뛰어 넘어 선명했다. 뜻밖에 이런 문양을 보다니 실로 감격스러웠다. 천년 후에 어느 나그네가 와서 폐허의 조각들과 교감을 나눌 줄 생각이나 했을까? 인연의 끈이 어디서부터 이어졌는지 알 수 없는 일이다.

산에서 내려오는 작은 도랑이 있는데 그 안에도 기와조각이 많이 보였다. 계곡 물에도 가득했다. 기나긴 시간이 지나는 동안 자취 없어진 게 얼마나 될까. 그것은 산산이 부서진 못다 이룬 꿈 조각들의 행렬로 비쳐졌다. 이 절을 오간 사람들의 기도만큼은 떠내려가지 않았기를 빌었다.

모래톱에 짐승 발자국처럼 보이는 게 있었다. 그러고 보니 인적이 없는 곳에 홀로 있은 지 오래다. 갑자기 두려워지기 시작했다. 대숲이 우는 소리는 내는 것 같았다. 아닌 척하지만 진작부터 두려움이 내재해 있었음을 부인할 수 없었다. 황망히 산을 내려왔다. 걸음은 바쁘지만 시선은 물가를 연신 훔쳐보고 걸었다. 물속에 기와조각 행렬이 줄을 섰다. 흐르는 물과 시간이 기와조각을 밀어내고 있어 그 끝이 모두 뭉텅하게 닳아져 있었다. 모질고 독한 마음자리 하나 물속에 툭 던져 넣고 내뺐다. 같이 닳고 닳아 유순해져 있기를, 부처님 도량은 없어졌어도 축원하면서 내려왔다.

폐사지를 훑고 지나는 바람이 소슬하다. 바람이 대밭을 흔들고 지나 가면 마음 속에서도 '부수수' 소리가 났다. 누가 밀치기라도 하면 사정없이 바스러져 내릴 내 정신세계가 누더기탑 모양새다.

절집도 사람 사는 곳이라 사연이 있기 마련이다. 명당 터라 알려진 이곳에 묘지를 쓰려고 세도가의 집안에서 계략을 썼다고 했다. 그 후 유택을 쓴 그 집안과 절이 같이 쇄락의 길을 걸었다는 이야기가 전해오고 있다. 명당도 기운이 다해서일까. 영원한 것은 어디에도 없음을 깨우치게 했다. 종교적 차원에서는 더 높은 신의 영역인 영원을 이야기하고 있지만 말이다.

문화재는 폐허의 잔재만 있어도 가치 있다. 삶의 족적과 정신이 녹아있어서다. 햇볕과 바람과 물은 다함없이 존재하지만 사찰의 독경소리는 역사의 뒤안길로 사라졌다. 누가 등을 떠밀 듯 그 뒤로도 폐사지를 찾았다. 오늘도 떠도는 바람이 나를 폐사지로 몰아세웠다.

절명여 絶命汝

추자도 부근에 절명여가 있다. 외딴 곳에 고독처럼 솟은 수직바위 섬이다. 지명만큼 험난하여 신이 허락해야 갈 수 있는 섬이라고 낚시인들은 말한다. 씨알 좋은 물고기를 잡을 수 있다는 희망으로 그들은 바위섬을 갈망한다. 포인트가 딱 두 개 뿐인 그곳에서 희망의 낚싯대를 드리우고 싶다는 일념으로 그곳으로 향한다. 베테랑 낚시꾼이 아니면 갈 엄두도 못내는 죽음이 힐끗거리고 있는 절명여, 그곳에서 위기를 기회로 치환하려 드는 것이다.

승부를 보기 위해서는 정신력의 우위를 선점해 있어야 가능성이 짙다. 절체절명의 순간은 혼신을 쏟으므로 인해 운명의 시점이 될 수도 있다. 그러나 날선 작두를 타는 것 같은 삶의 벼랑 끝에서 희망 하나 건져 올리는 일이 어디 쉽기야 하겠는가.

절명여는 우리가 딛고 있는 현실에도 있다. 뱃길을 따라가는 섬이 아니라 우리네 삶 전반에 존재한다. 월척을 노리는 사람들로 넘쳐나지만 세상은 만만치 않다. 달콤한 단면만 보고 헛물을 켜는 군상들 속에 내 모습도 있다.

 신은 우리에게 자유의지를 주셨기에 선택에 스스로 책임을 져야 한다. 일탈을 가장한 방종에서 그렇고, 혼자일 때 뻗쳐오는 유혹의 수렁과 양심의 교묘한 줄타기들에서 자유로워야 한다. 영혼을 갉아먹는 잡다한 쾌락과 온갖 중독의 늪들을 피해가야 하는 것이다. 까딱하면 절명할 수 있다는 그 섬엔 오늘도 기회를 노리는 사람들이 접근을 시도하고 있다.

 심원의 바다에서 유유자적하고 싶다. 질펀한 삶의 바닥에서 겨룬 기싸움이 영육을 피로하게 만들었기 때문이다. 낚시줄을 조였다 풀기를 반복하며 대어를 낚아올리는 이들을 본다. 이쯤에서 슬슬 줄을 풀어도 괜찮을 것 같다는 생각이 든다.

 이른 새벽 바다위로 물안개가 뽀얗게 피어오른다. 어디론가 떠밀려 갈 듯 분분하던 마음을 바다는 작은 섬에 칭칭 동여매 준다. 수면이 은빛으로 가득할 때 쯤, 아직 바람은 시리지만 해변 아늑한 곳에 붉은 동백꽃이 벙글고 있으리란 생각이 든다.

 그리움으로 피어오르는 흰 구름이 하늘가에 떠 있다. 갈매기의 날갯짓이 역동적이다. 새살이 차오르듯 희망이 솟구쳐 가만히 눈을 감아 본다. 이순간의 작은 평화가 깨질까봐.

 물빛은 시간마다 현란하게 바뀌어가 신비스럽다. 하늘과 바다와 내가 하나 된 듯하다. 푸른 비늘을 번뜩이며 유영하는 물고기처럼 물살을 가르며 나아가고 싶다. 세상의 혼탁한 때를 씻고 고요히 침잠하다가 해맑게 부상하고 싶다.

동백꽃 하나가 수평선에 빨갛게 걸리었다. 꽃물이 얼굴에 번지면서 미소가 물기둥을 타고 흐른다. '단순한 것이 진리다'라는 말이 있지만 먼 길을 돌아 헤맸어도 나는 아직 해득하지 못하고 있다. 어설픈 몸짓으로 낚시줄만 연신 던지고 있는 게 아닌지 모른다.

절명여에 가보고 싶다. 영화 '피아노'에서 여주인공 '에이다'가 화를 자초하면서까지 갈망하던 피아노를 수장시켰듯, 나도 정도를 어긋난 집착의 찌꺼기들을 침묵 속으로 가라앉혀야겠다. 나를 옭아맨 그 무엇으로부터 진정 자유롭고 싶다.

외씨버선

　　　　어릴적, 계절마다 우리집으로 옥양목 버선이 보내져 왔다. 시골에서 당숙모님이 어머니에게 보내신 것이었다. 외씨를 닮아 볼이 조붓하고 갸름한 모양의 버선이 할아버지께 보내는 편지와 함께 동봉되었다. 당숙모님은 어머니에겐 시어머니와 같은 존재였다. 사촌 윗동서지만 어머니는 어른을 대하듯 어려워하고 또 그만한 예우를 하셨다. 청상과부로 한 점 혈육 없이 인고의 세월을 살아오신 분이시기에 그리하셨다. 혼자 몸으로 세상풍파를 어떻게 겪으시며 살아 오셨는지 짐작이 안 되었다. 지병인 천식 탓에 방바닥에 누워 편히 주무신 적이 없으셨다. 우리 집에 오셨을 때도 큰 이불을 동개 놓고 엎드린 채 긴 밤을 보내셨다. 기침소리가 안쓰러워 듣는 우리 가슴이 아플 정도였다.

　우리에게는 무서운 할머니로 통하지만 커서 집안 어른들에게 들은 이야기로는 문경의 상당한 가문에서 시집오셨다고 했다.

반가의 규수로 자색도 뛰어 나시고 곧은 성품이셨다. 요리솜씨며 바느질, 예의범절에 두루 막힘이 없는 분이시라고 다들 두고두고 말씀 하셨다. 맏며느리로서 문중 대소사를 다 받들고 시삼촌이신 우리 할아버지까지 챙기시며 늘 안부편지를 보내오셨다.

지금도 한 땀 한 땀 직접 꿰맨 외씨버선을 보고 있으면 그분의 정성이 느껴진다. 어른을 모시고 사는 사촌동서에게 주는 최고의 선물이 아니었을까. 홀시아버지를 모시느라 애쓰는 동서 모습이 당신의 젊은 날을 보는 것 같아서 남달랐을 것이다.

젊은 시절, 수절을 지키고 산다는 것은 쉬운 일이 아니다. 자신에게는 혹독하게 추상같은 잣대를 드미셨을 당숙모님, 끝까지 당신만의 색깔을 고이 지켜내기 위해 칼날 위를 사셨을 것이다.

고전무용의 춤사위를 보면 발동작에 시선이 멈춘다. 한쪽 발을 약간 든 자세에서 치맛단을 살짝 올리면 보이는 하얀 버선이 압권이다.

버선은 너무 헐렁해도 맵시가 없고 작은 듯이 신어야 버선코가 예쁘게 보인다. 한복 착용 시 나는 옥양목버선 신을 때가 제일 고역이었다. 매끈한 비닐을 발뒤꿈치에 대고 잡아당겨 신든지, 아니면 발가락을 꼼지락거리며 잡아당겨 신어야했다. 탄탄한 섬유조직이라 신축성이 없어 발이 아팠다. 나중에는 발가락이 포개져서 통증과 저림이 번갈아 왔다. 당숙모님은 어땠을지 정확히 모르지만 고문이랄 수 있는 아픔을 어떻게 견디며 걸었을까 싶다. 후일, 나일론버선이 나왔지만 신기에 편하다는 것뿐 맵시는 없었다. 지금은 신축성 있는 면에 앞트임이 된 개량버선이 나와서 한복차림하기가 수월하다.

외씨버선 같은 좁고 암울한 제도의 틀에 갇혀 사신 여인, 당신 삶을 고스란히 희생한 여인, 저린 버선발이 얼마나 고단했을까. 어디선가 그분의 해소기침 소리가 들려 올 것 같다. 어쩌면 숨 가쁘게 들려오던 기침소리가 힘든 삶의 외침이 아니었나 싶기도 하다.

전라도 진안지방에서 구전을 통해 불려지는 버선노래가 있다.

옥단 같은 외광목(옥양목)버선
외씨 같이 집어 들고
버선 보고 임을 보니
임 줄 맘이 뜻도 없네
임아 임아 서러마라
노래 끝이 그렇단다.

옛날에는 바느질이 여인들의 일과였다. 이 땅의 여인들은 다 만들어 입고 신어야 했다.

세월이 흘러서 외씨버선도 못본 지 오래됐다. 가슴 한편에 묻혀있던 기억들이 오늘따라 새록새록 되살아나는 것은 왜일까. 당숙모님의 인품과 솜씨는 암만 생각해도 아깝다. 어설픈 내게 그분의 인품과 기량을 물려받을 수 있다면 하고 아쉬워 한다. 시대적 잣대와 가문과 여성이라는 굴레를 지고서 힘겹게 사신 그 어른이 그리워진다.

  후손들에게 삶 자체가 귀감이 되는 분이시기에 그 어른을 생각하며 여자의 일생을 곱씹어 보는 시간이다.

고향

낯선 동네의 고샅길을 기웃대며 문패를 확인한다. 한낮의 정적이 평화로운 시골에서 한참을 서성대고 있다. 붉은 고추가 따사로운 가을 햇살을 받고 널려 있는 풍경이 내 고향과 흡사하다.

처음 방문하는 친구의 옛집을 쉽게 찾으리라는 생각은 안했지만 꽤 시간이 흘렀다. 돌담을 끼고 돌아 막다른 골목 끝에 솟을대문이 보인다. 열린 문 사이로 위채의 고가가 거드름을 피우 듯 위용이 대단하다. 해묵은 기왓장의 때깔 탓인지 세월을 느끼게 한다.

종종걸음 치는 아이들을 보니 친구의 집이 맞다. 대청마루에 집의 수령만큼이나 세월을 보내신 그의 어머님이 서 계신다. 위풍당당하시던 여장부의 모습은 어디로 가버리고 쇠잔한 촌로의 모습이 되셨다. 혼자서 고가를 지키시다가 최근에 아들 내외와 생활하신다.

　친구는 마산에 살다가 고향으로 돌아온 지 몇 해 되지 않는다. 생활의 불편함과 아이들 학업문제로 다들 고향을 등지기 일쑤인데 그들은 역류해서 온 것이다. 아무튼 쉽지 않는 결단을 내렸을 것 같다. 늘 철썩이는 파도소리를 잊지 못해서일까? 아니면 뒤란 시누대 서걱이는 소리가 그들을 불렀을까?

　사랑채에 앉으면 그들은 선친의 숨결을 듣는다고 했다. 손님이 그치지 않고 찾아들던 자리에 유품들이 가지런히 정돈된 방에서 나는 돌아가신 분의 성품을 유추하기 위해 숨소리를 죽인다.

　잔디가 있는 뜨락으로 내려서서 구기자와 솔태나무 뿌리가 우물 밑으로 뻗어 내려간 약수를 마신다. 그 옛날 시인묵객들도 이 약이 되는 물을 마셨을 것이라 여겨진다.

　친구부부는 영국유학까지 다녀왔다. 부귀를 마다하고 고향을 찾은 저의를 들어보았다. 부친의 유업을 받들기 위함이란다. 선친은 온천개발을 착수해 다년간 고생하시다가 돌아가셨다. 아들이 여럿 있었지만 이들이 그 일에 동참한 것이다. 금방 수입이 생기는 것도 아니고 많은 어려움이 그들을 둘러싸고 있다. 그들은 고향과 조상을 동시에 사랑하는 사람이라 여겨진다.

　나의 고향을 떠올려 본다. 까마득하게 멀어져 간 고향일 뿐이다. 언제 다녀왔었는지 기억조차 가물거린다. 유년의 강가에서 다슬기 줍던 때, 떠내려간 한 쪽 고무신을 찾아 울음보를 터트리던 그 시절이 아련히 떠오른다.

어머니 유택 가는 산길에 복사꽃이 유난히도 고왔는데, 그 꽃빛이 서러워 얼마나 울었던가. 이제는 시댁을 드나드는 발길만 잦았지 내 고향은 차츰 멀어져 갈 뿐이다. 마음속에 고향을 묻어 두고 살아가는 것이다. 세월이 흐른 지금 그 고향이 그리움으로 밀려온다.

"어머니!" 하고 허공을 향해 부른다.

"순희야." 옛 친구도 부른다.

강변에서 자갈 두드리며 노래 부르던 아이들은 어디에 갔을까.

어제는 동창이 전화를 했다. 다가오는 일요일 총동창회가 열린다고 했다. 몇 년 전에 처음 참가하면서 옛정을 새로이 했다. 커다랗던 운동장이 왜 그렇게 작아 보이던지 격세지감이란 이를 두고 하는 말 같았다.

머리끝이 희끗희끗 변모하고 이름을 묻지 않으면 그냥 지나쳐 버릴 생소한 얼굴들. 그들을 추억하며 나는 귀소본능처럼 고향의 하늘가로 달려가고픈 것이다. 지친 마음을 고향에다 풀어놓고 싶은 것이다.

바쁘게 살다가 어느 소설 제목처럼 '그대 다시 고향에 돌아가지 못하리'가 내 일일 것만 같다.

가을 하늘 드높은 날, 흰 구름에 마음 얹어 고향으로 내닫고 싶어지면 그때 달려가리라. 나를 반겨줄 낮은 처마를 한 고향 집으로. 어린 시절, 신작로에 뽀얀 먼지를 피우며 뛰놀던 그때를 추억하며 나는 가리라.

느림에 대하여

비가 내린다. 낮게 드리워진 구름이 산을 가려 온통 뿌옇다. 폭염이 지속되다가 비가 오니 마냥 시원하여 우산을 쓰고 둑길을 걷는다. 물이 어느새 불어나 둑 끝까지 흐른다. 둑에는 이름 모를 꽃들이 함초롬 피어있고, 개울 언저리에는 생기 얻은 나무가 춤을 추는 듯 흔들거린다. 물끄러미 세찬 물살을 보기도 하며 천천히 걷고 있는 이 한가함이 마냥 좋다.

먼 산이 다가와 녹음을 드러냈다가 구름에 이따금씩 숨어드는 모양도 보면서 발걸음을 옮긴다. 청량한 빗줄기가 바람결을 타고 우산 밑으로 촉촉이 날아들고 있다. 물 머금은 화초처럼 내 마음도 한껏 싱그러워진다.

대로엔 어느새 조명등을 켠 자동차들이 질주하고 있다. 나만 한가로이 여유를 부리며 산책하는 것 같다. 아까부터 오리 세 마리가 유유히 헤엄치며 놀고 있다. 갈대 속으로 숨기도 하며 물속에 머리를 들이밀기도 하는데 노는 모습이 귀엽다. 묻고 싶다. 저들도 생을 이어가려면 긴장같은 걸 하고 있을지를.

　상류의 어귀까지 왔다. 더는 갈 수 없기에 오던 길을 되돌아선다. 한쪽은 도로를 끼고 그 건너편으로 야트막한 야산을 낀 산책길이다. 일상에서 벗어나 한가하고 느슨한 이 시간이 좋다.

　한동안 바쁘게 살았다. 매사가 두서없고 정리정돈이 안됐다. 살림과 직업을 병행한다는 게 힘들어 종종걸음쳤다. 아이들한테 다정한 눈길 주는 것조차 어려웠다. 그러나 막상 시간이 나면 내성에 차지 않는 부분에 대하여 닦달만 해댔던 것 같다. 안팎으로 잘 해내려고 무리수도 두었다. 지금 생각해보면 허술한 엄마여서 아이들한테 미안할 따름이다. 그 모습은 욕심을 채우기 위해 달음질치는 현대인의 모습이기도 했다. 무엇이 소중한 것인지도 모른 채 달려온 자신이 두고두고 부끄러울 뿐이다.

　철학자 '쌍소'교수는 느림의 미덕과 참다운 삶의 모습을 주제로한 책을 저술했다. '느리게 산다는 것의 의미'와 '작은 것에 만족하는 사람들'이라는 책이다. 삶을 즐기려면 느려져야 한다는 제안과 느림을 나태와 구분한 설명 등이 신선한 느낌으로 다가온다. '나태가 아무것도 하지 않고 방치하는 게으른 상태라면, 느림은 삶의 매순간을 구석구석 느끼기 위해 속도를 늦추는 선택'이라고 주장하고 있다.

　나는 매사에 속도가 느려 늘 타박을 많이 받는다. 말과 행동이 둔하다는 게 맞는 표현일 것이다. 대개 이런 성격은 태평하여 나태에 가깝다. 나의 느림을 분석해 볼 때 게으름에 비중을 두게 된다. 하지만 '쌍소'교수의 주장하는 바를 읽으면서 위안을 가지게 됨은 어찌된 일인가. 느림과 나태는 교묘히 얽혀있어 어쩌면 본색이 잘 노출되지 않을 듯해서다.

책에서의 느림 실천법이란 한가로이 거닐 것, 권태 속에서 느긋함을 느껴 볼 것, 즐거운 몽상에 빠져 볼 것, 글을 쓸 것, 어떤 가능성도 배제하지 않는 열린 자세로 결과를 기다릴 것, 고향의 아름다운 추억을 간직하거나 추억이 새겨진 나만의 장소를 만들 것, 남을 비판하거나 질투하거나 무리한 요구를 하지 말 것, 가벼운 술 한 잔의 여유를 즐길 것, 말하기보다 남의 말을 들을 것 등이다.

간단할 것 같은데 호락호락하지 않다. 군데군데 게으름과 갈등을 불러올 복병이 숨어있기에 말이다.

현대는 광속 시대. '빨리 빨리'를 외치다 너무 와 버렸다. 반대급부로 많은 폐해를 가져왔다. 경제는 나아졌으나 행복지수는 반비례한다. 자살률이 이를 반증하고 있다. 빠름이 물질의 풍요는 가져올지 몰라도 우리의 영혼은 살찌우지 못한다. 물질에 종속되어 살다가 영혼의 향유는 언제나 뒷전이 된다. 이제는 삶의 명제를 바꿔야 할 시점이다.

세계 최초 슬로우 시티가 이탈리아 '오르비에토'에서 시작됐다. 이곳은 흔한 프랜차이즈 패스트푸드점이 없다고 한다. 건강한 자연환경, 전통문화 보존, 여유와 느림을 추구하며 살아가자는 국제운동이다.

우리나라에도 아시아 최초의 슬로우 시티인 신안 증도를 시작으로 십여 곳이 지정됐다. 성지순례 차 증도를 다녀오신 분들이 한결같은 감탄을 하였다. 금연을 위시하여 반드시 도보나 자전거로 이동해야 한다는 준수사항이 있다고 했다. 그리고 해변의 고운 금모래와 해당화를 그렇게 극찬했는데 꼭 가보고 싶어졌다.

아름다운 것을 지켜 나가려면 그것은 현재 우리의 몫이다. 조금 더디 가는 것, 손이 많이 가는 것, 지속가능한 개발, 자연의 보존 등에서 삶의 질을 추구해 나가야 할 것이다.

성격에 따라 체격도 어느 정도 분석이 가능하다고 들었다. 행동이 민첩하고 예민한 성격은 몸이 마른 편이고, 행동이 느긋하고 원만한 성격은 대개 몸집이 풍성한 편이라고 한다. 빠르고 느림은 다 장단점이 있지만 적절히 조화롭게 어우러진다면 문제될 것이 없다고 생각한다.

누가 나의 느림에 대하여 비방한다면 할말이 없기는 하다. 그렇다고 지금 와서 고칠 마음은 없다. 주변에 인내심 많은 이들이 있어 그냥저냥 지내와 다행이다. 느린 사람은 도회지보다 시골이 더 어울리지 싶다. 고요한 가운데서 자기내면을 잘 가꾸며 지낼 수 있을 것 같다. 천천히 사물을 응시하며 느끼고 즐기며 되새김질도 할 것이다. 자연의 변화를 세밀히 관찰하는 가운데 경이로움으로 눈망울은 커질 테고, 가슴은 늘 콩닥거리며 들떠 행복할 수 있을 것이다.

긴 목을 한 백로가 사방을 두리번거린다. 건너편 물가에서 어슬렁거리며 무엇을 찾는 듯하다. 다리가 무척이나 길다. 도심에서 이런 귀한 새를 볼 수 있다는 게 흔치 않다. 저도 한가로이 여유를 즐기는지 아니면 생존을 위해 먹이를 구하는지 알 수 없다. 다가가서 보고 싶지만 차라리 이렇게 보는 것이 더 나을 성 싶다. 괜한 두려움을 주지 않기 위해서 멀찍이 떨어져 있는 것도 배려일 수 있으니까.

시끄러운 도로변 집에 바퀴를 다는 꿈을 자주 꾼다. 그리하여 밀어서라도 한적한 곳에 이를 수 있기를 소망한다. 시대를 거슬러 고립되고 낙오되는 것 같은 느림의 삶을 꿈꾸고 있다.

어둠이 음전하게 내리는 저녁, 평화스럽고 소중한 시간을 즐기며 걷는다.

모시옷 이야기

어느 해 늦봄, 원인모를 하혈을 두 달이나 하고 있었다. 비릿한 피 냄새로 인해 구토까지 나왔다. 특진을 받고 검사결과를 기다리는 동안 마음은 흔들리기 시작했다. 슬픈 영화의 예고편을 본 느낌이 들었다. 별일 아닐 거라며 주변 사람들이 다들 위로했지만 내심 초조해졌다.

평소 생각만 하고 실행에 옮기지 못한 일을 과감히 서둘렀다. 한복을 좋아했는데 특히 모시한복에 대한 애착이 강했다. 분홍색 모시를 한 필 끊어 솜씨 좋다는 바느질집에 맡겼다. 변형을 약간 준 개량 모시한복으로 정했다. 정성을 들여 옷을 짓기에 공정기간이 길다고 설명이 장황했다. 검사 결과를 기다리는 마음과 옷이 완성되는 것을 기다리는 마음은 한결 같이 똑 같았다.

왜 분홍색을 선택했는지는 잘 생각나지 않는다. 병명이 나오기 전에 성장을 하고 가벼운 마음으로 길을 나서고 싶었다. 그게 자신에게 주는 최고의 선물인 양 여기면서.

모시옷을 찾으러 가는 날 발걸음이 가벼웠다. 하얀 동정이 달린 저고리와 8폭 치마 그리고 앙증맞게 생긴 동그란 모시주머니를 받았다. 작열하는 태양 아래 연분홍 모시옷을 입고 거리로 나섰다. 땀이 흘러도 아무렇지 않는 것같이 조신하게 걸었다. 더 나가 레드카펫 위의 여배우가 된 것처럼 우아하게 걸어도 보았다. 레이스가 달린 양산을 쓰고 햇볕은 아랑곳하지 않았다. 주머니 끈에 달린 튤립모양의 장식물이 걸음을 옮길 때마다 달랑거렸다.

세상은 눈부셨다. 나무이파리들은 바람이 불 때마다 하늘거리며 춤을 추는데 나만 세상 밖으로 소실점이 되어 사라져 가는 것 같았다. 결코 호락호락하지 않았던 삶속에서 한껏 사치를 부렸다. 마음으로는 서서히 세상과 작별연습을 하고 있었다. 나 하나 없어져도 아무렇지 않게 돌아갈 세상을 눈에 길게 담으면서 치기를 부리고 있었다.

여동생한테 전화를 했다. 이 한복으로 수의를 하라고 당부를 했다. 동생은 쓸데없는 소리 말라며 신경질을 부렸다. 다른 가족 손을 빌리지 않게 늘 죽음 뒷정리를 그 애한테 부탁했었다. 워낙 정리정돈을 잘하기 때문에 농처럼 하던 말이 그날따라 가슴 아프게 들린 모양이었다.

모시한복을 입을 때마다 그때 일이 생각난다. 죽음 앞에 흔들리던 연약한 자신을 돌이켜 보게 되는 것이다. 정말 수의라면 흰색모시를 선택했어야 맞다. 분홍색 모시옷감을 선택한 저의는 살고 싶다는 것을 우회로 피력한 게 아닐까. 제대로 피워보지 못한 삶이어서 그에 대한 안타까움의 발로였을 수도 있다.

세월이 흐른 뒤 분홍색 모시한복은 탈색이 되어 희끄무레하게 변했다. 그 색깔이 수의로서는 적격이었지만 왠지 추레하다는 생각이 떠나지 않았다. 전처럼 입고 싶지 않았다. 무엇보다 흰옷이 주는 부담감이 은근히 작용했다. 염색을 잘 하는 아래 동서가 물들여 주겠다는 제의를 했다. 안 그래도 심중에는 산뜻한 색깔을 입어보고 싶다는 생각이 스멀거리고 있었다. 이참에 죽음과 관련된 기억을 아예 떨쳐버리고 싶었다. 허여스름한 모시치마를 접어 보자기에 싸맸다. 죽음의 공포도 꽁꽁 동여맺어 같이 보냈다.

수일 후 보자기가 돌아왔다. 보라색 맥문동 꽃이 치마에 피어 넘쳐났다. 젊은 날은 분홍색을 좋아했지만 지금의 보랏빛도 괜찮아 보였다. 저고리와 같이 입고서 거울 앞에 섰다. 색채에서 원숙한 느낌이 풍겨났다. 걸음걸이와 말씨며 태도까지 달라져야 할 것 같은 생각이 들었다. 보라색깔이 바랜다면 그때엔 어떤 생각을 하게 될까. 큰 일을 맞닥뜨리더라도 보랏빛깔이 주었던 안정감으로 인해 흔들리지 않았으면 좋겠다. 생에 대한 관념도 달라지고 죽음을 끌어 안을 만큼 변모해 있어야 할텐데. 하지가 지났다. 모시옷을 꺼내 손질을 해야겠다.

납월회일 臘月晦日

　　일 년이라는 단위는 사람마다 느끼는 바가 다르겠지만 나에겐 너무 짧은 시간이다. 나이를 먹어 간다는 반증인지 이맘때가 되면 서글퍼진다. 새해를 맞는다고 매스컴에서 야단들이다. 세상이 확 바뀔 것처럼 호들갑을 떠는 사람들 틈에서 뭐가 그렇게 기뻐할 일인가하고 혼잣말을 한다.

　　새해를 눈앞에 두니 아닌 게 아니라 들뜬 기분이 된다. 해돋이 가는 사람들로 도로가 정체되고 부산해지는 연말인 것이다.

　　만물은 생성과 소멸을 거듭하며 존재하고 있다. 인류는 늘 새로운 역사를 창조하며 발전을 거듭해 지금에 이르렀다. 인간은 한 점 티끌처럼 미미한 존재지만 광대한 우주의 한 요소임에 틀림이 없다. 잘 살아 보자며 한 해를 출발했지만 연말이면 늘 낙오자가 된 기분이 든다. 잠을 설친다. 축적된 시간의 짐들이 어깨를 누르고 강박관념에 시달린다. 나는 무엇을 위하여 어떤 것을 소망하며 살아왔는가를 다시금 묻게 된다.

각오를 새롭게 하며 새해를 맞아야 한다. 하루 하루가 영원을 이룬다. 어떤 하루를 여느냐에 따라 인생이 달라지고 역사가 바뀐다. 순간이 영원으로 이어짐을 망각하며 삶을 허비하지 않았는지 깊은 회오에 잠겨본다. 지루한 일상에 찌들어감을 탓하던 지난 시간들이 후회의 봇물로 넘친다. 차츰 일몰이 다가온다. 허전함으로 가슴이 노을빛으로 타들어 가고 있다.

시간의 제단 앞에 무엇을 올려야 하나. 어리석음 한 보따리, 비겁함과 무책임 다섯 바지게 그리고 욕심 열두 망태, 무능함 세 볏가리, 불평과 넋두리는 일곱 멍석이 넘친다.

모두 오늘보다 내일은 더 나을 거라 여기며 희망을 가지고 살아간다. 그래야 맞고 살아갈 힘이 생긴다.

오래전 어른들이 '속으며 산다.' 는 말씀을 하셨다. 살아봐도 그날이 그날인 것을 두고 한 말 같다. 팔자를 고치지 못하고 별반 달라지지 않는 삶을 추스르며 또다시 희망을 껴안는 것이다. 돌이켜 보면 누구나 그런 기다림으로 얼룩진 페이지가 있을 것이다.

내 인생의 납월회일은 언제일까. 생을 반납할 시간이 되어도 지금 같은 후회가 남아 있을까 두렵다. 생의 마침표를 찍을 때는 동백꽃이 떨어지듯 '후드득' 미련 없이 가야 할 것이다. 여행자처럼 차표를 손에 쥐듯 가벼운 흥분으로 떠날 수 있어야 한다.

이제 제야의 종소리가 울리고 폭죽이 밤하늘을 수놓을 것이다. 누구를 향한 무엇을 위한 축제인가. 잘 살아 온 이를 위한 배려이고, 후회가 있는 이를 위한 위로이며, 묵은해를 고맙게 보내는 인사이고, 새해를 희망으로 맞는 환호성일까.

어제 받은 엽서를 본다. 눈 덮인 바위산과 푸른 하늘에 흰 구름이 떠있고, 여백에 '꿈과 희망'이라는 글자가 보인다. 그렇다! 우리는 제야의 종소리를 들으면서 꿈과 희망을 노래하고 기원하며 살아야 한다. 이 모두 우리를 위한 축제의 장인 것이다.

샤워기를 틀고 묵은 때를 지워야겠다. 푸른 새벽에 뜨거운 물을 맞으며 흥건히 희망의 시간 속으로 젖어 들어가야겠다.

납월회일은 곧 시작의 날인 셈이다. 결코 한 해의 마지막이 아니다. 어둠속에 빛이 가려져 있을 뿐이다. 도로 구간마다 이정표가 있듯 생의 구간마다 있는 절후이며 안내자인 셈이다.

새해 첫날을 품고 설렘으로 다가오는 발자국 소리를 들어보라! 수줍은 신부와 같이 사뿐히 걸어오고 있다. 순결한 마음으로 섣달 그믐밤을 지나 신새벽 여명 속으로 뚜벅뚜벅 걸어 나오고 있다. 늠름한 신랑의 자세로 식장에 등장하듯.

나는 신이 허락하는 첫 1월 속으로 달콤한 여행을 떠날 것이다. 기도하는 마음으로. 자신의 한계를 재단하지 말고 무한한 가능성을 열어 둔 채 걸어 갈 것이다.

세월의 제단 앞으로 걸어가는 시간의 보폭은 공평하다. 누구나 가는 길이지만 똑 같은 행로는 아니다. 운명적인 것도 있으며 선택이 빚은 모양새대로 자기 길을 걸어갈 것이다. 분별과 지혜, 성실과 끈기를 요하는 만만치 않은 길임에 틀림없다.

일찍 성공하는 자는 자기성찰을 더 필요로 할 것이다. 세상 무서운 줄 모르는 거침없는 횡보는 한순간에 무너지기 쉽기 때문이다. 차근차근 준비하여 멀리 보는 안목을 지녀야 순탄할 것이다. 자생력은 고비를 맞을 때 자라나기에 문제점과 끝까지 대치하여 나가면 좋은 일도 생길 것이다.

설령 마지막 시점에서 후회가 생긴들 어떠랴. 후회 없는 인생이 과연 얼마나 될까. 몸뚱이 하나로 세상에 나와서 생을 개척해 낸 우리들이 아닌가. 잘 살았다가 답일 수도 있지만 최선을 다해 경주해 온 것만으로 당신은 훌륭하다

걷자! 신이 정해준 우리들의 생애 속으로.

작품해설

강 돈 묵

해설

발칙한 해석과 작가의 눈
- 임윤교의 『레테의 강』에 부쳐서

1. 들어가면서

러시아의 형식주의자들은 일찍이 '낯설게 하기'에 깊이 심취해 있었다. 모든 예술은 여기에서 출발한다고 보고 이론을 정립 전개해 왔다. 그들의 대표주자 시클롭스키는 「기법으로서의 예술」에서 예술의 기법을 인간사고의 경제원칙에 역행하는 것으로 보고 사고와 지각을 어렵게 만드는 것이라고 주장하였다. 즉, 예술의 기법이란 대상들의 낯설게 하기의 기법이며, 그 형식을 애매하게 하는 기법이고, 지각의 어려움과 지속을 증가시키는 기법이라고 정리하였다.

대상을 어떻게 해석하고 형상화하느냐의 문제인 것이다. 인간들의 삶을 들여다보면 그 모습이 거의 비슷하다. 사람과 사람 사이의 모습도 비슷할 뿐만 아니라 어제 오늘의 삶이 한결같이 고달프고 무미하다. 닭장 같은 주거 환경에서 티비 앞에 노예가 되어 가고, 층층마다 변기를 타고 앉아 아침을 맞는다. 내일은 오늘과 다른 새로운 날이 빗장을 풀고 기다리겠지 하지만 아침에 일어나면 언제나처럼 양치하고 식탁에 앉는다. 나의 삶이 너무 팍팍하여 이웃을 훔쳐보아도 그들 역시 나와 별반 다를 바가 없다. 이런 일상화된 삶은 인간에게 사고하는 기회를 굳이 주지 않는다. 반복되는 삶은 단순화되고 추상화되기 마련이어서 결국 의미 없는 삶이 되고, 그것이 함유하고 있는 본질조차 챙겨볼 기회가 없다.

거기다가 우리가 숨 쉬고 있는 공간은 비밀이 없다. 너무나 생활공간이 판박이다. 닭장은 물론, 그렇지 않은 곳마저도 똑같다. 어느 집을 가든 대문이 있고, 마당이 있고, 그 마당을 가로질러 집으로 들어가면 마루가 있고, 부엌에 붙어 안방이 있고, 윗방이 있다. 이와 같이 똑같은 공간에서 무슨 비밀이 있겠는가. 언제나 비슷하고 어디에서나 그게 그거인 현실은 자연스럽게 나태에 익숙하게 되고, 단순화하고 추상화될 수밖에 없다.

이런 나태에서 벗어나는 길은 낯설게 하는 삶의 태도이다. 늘 보아온 사물이나 사건들을 오늘 처음 접하는 것으로 인식할 때 '낯설게 하기'는 시작된다. 그래야만 사물의 본질을 읽어내는 심안을 가질 수 있다. 이를 다시 세분하여 살펴보면 '낯설게 보기(해석)'와 '낯설게 하기(형상화)'로 가름하는데, 해석이 없는 형상화는 있을 수 없기에 러시아의 형식주의자들은 '낯설게 하기'로 아울렀던 것이다.

수필은 태생적으로 작가의 체험과 밀착되어 있어 자칫 잘못하면 현상의 기록에 멈추는 우매에 빠질 수 있는 위험성을 끌어안고 있다. 작가가 소유한 삶 속에서 글감으로 취택한 것은 나름 의미 있다 하겠지만, 그렇다고 있는 그대로의 현상을 늘어놓아서는 안 된다. 그것이 함유하고 있는 의미를 찾아 작가의 삶으로 걸러내야 한다. 이 과정에서 글감은 작가의 가치관에 의해 재해석의 단계를 거치게 된다. 이를 '낯설게 보기(해석)'라 한다. 가치 개념의 수필은 이 과정에서 어느 정도 판가름 난다. 물론 해석을 뒷받침해 주는 적합한 형식이 따라야 하겠지만, 선행되어야 할 것은 해석이다. 모든 문학은 참신한 글감, 참신한 해석, 참신한 형상화가 이루어지면 성공한다.
　작가 임윤교의 수필은 철저하게 이런 과정을 충실히 이행한 것들의 집합이다. 그의 수필의 영역에는 언제나 자신의 삶의 정체성을 찾아 나선 흔적으로 도배되어 있다. 그의 삶에서 주운 글감들은 모두 그대로 멈춰 있기를 거부하고 커다란 의미로 다시 재탄생한다. 풀, 꽃, 바람, 별, 반딧불이, 사금파리…. 일상인들의 눈에는 그냥 스치는 작은 것들에 불과하지만, 그의 눈 프리즘을 통과하면 다시 커다란 생명을 부여 받는다. 이러한 것들은 작가 임윤교만이 가지고 있는 심안으로 '낯설게 보기'의 과정을 거쳤기에 가능하다. 작가의 심안에 잡힌 것들이 새로운 얼굴을 하고 독자 앞에 나서는 것은 어찌 보면 복일지도 모른다. 해석의 귀재를 만나기가 그리 쉽겠는가.

2. 레테의 강을 건너는 임윤교의 수필문법

작가 임윤교의 수필세계를 만나기 위해 우선 그가 건너온 『레테의 강』을 찾을 필요가 있다. 그는 오래 전에 수필문학에 입문하였으나 한동안 방황의 늪에 빠져 있었다. 전혀 붓을 잡지 못했을 뿐더러 기왕에 가지고 있던 수필까지도 떠나보낼 정도로, 그 늪은 깊었다. 그러나 그 공백기는 더 춥고 서러워 애써 글을 외면하려 해도 거머리처럼 달라붙어 참아낼 수가 없었다. 언제나 그의 가슴은 집필의 욕망으로 부글부글 끓고 있었던 것이다. 지금 다시 그 강을 건너와 집필에 전념할 수 있음에 스스로 놀라고 감사한다. 그에게 수필은 자신을 치유하는 명약 중의 명약이라 여긴 까닭이다. 그러기에 다시 수필의 품에 안겨 첫 수필집을 내며 주저함이 없이 『레테의 강』을 문패로 골라잡은 것이다. 이러한 행위는 작가 임윤교의 수필이 얼마나 치열하고 진지한가를 말해주는 것이기도 하다. 『레테의 강』은 작가가 지금까지 걸어온 수필의 길을 고백하고 있다. 진정 수필이 고백의 문학임에 밀착하는 몸부림이다.

쓰지 않고서는 견딜 수 없는 그 무엇이 작가를 불러일으켜 집필에 다시 들게 했다. 그만큼 임윤교에 있어서 문학은 절실한 욕구에서 피어난다. 기왕의 습작노트를 강물에 띄워 보낸 그가 가슴 답답하여 백지만 펼쳐 놓고 오랜 시간 고통스러워했던 병은 다시 집필에 듦으로써 치유 받은 것이다. '정제되지 않은 미완의 글들이 다시금 글 이랑을 갈아엎으며 용을 쓰는' 과정을 거쳐 그는 제자리로 돌아왔다.

'잡초 뽑기', '잔돌 고르기', '팔다리의 통증 참아내기', '자연에 한눈팔기' 등은 그가 글밭을 일구기 위해 얼마나 치열하고 진지하게 임했는지를 말해 주고 있다. 그는 자신만의 시각으로 사물을 인지하려는 습작 태도를 끝까지 견지한다. 탐탐치 않은 글에서 풍기는 묵은 곰팡내를 없애기 위해 볕 좋은 날에 툴툴 털어 너는 그의 모습은 퇴고의 터널을 지나는 고달픔이다.

살면서 소중한 것을 떠나보낼 경우가 많다. 이별 뒤에 오는 허전함과 아픔에 힘들어하면서 애써 망각한다는 것은, 어쩌면 절실하게 붙잡고 싶은 것일 수 있다. 레테의 강은 내게 있어 그런 의미이다. 망각 그 이후로도 되살아나는 기억의 진실을 거부할 수 없었던 것이다.

다시 글을 가까이 하고 있다는 것이 믿기지 않는다. 번복을 기듭해 결국 같은 자리로 돌아온 것이다. 세상을 보는 눈빛은 달라졌지만 부디 사려 깊은 눈매 하나쯤은 지니고 싶다.

강물은 지금도 유유히 흐른다. 그 강물이 어제의 물이 아니듯 오늘의 나도 다른 모습으로 변모했다. 공백의 시간은 나를 왜소하게 만들었지만 심도 있게는 했을 것이다.

예전의 그 종이배는 이미 대해에 도달했을 것이다. 강물과 함께 낮은 곳으로만 흐르다 부딪치며 험난한 여정을 거쳤을 것이다. 우매함으로 인하여 세상을 절름거리며 살아온 나. 다시는 레테의 강물 앞에 서지 않으리라 다짐하고 있다. 온갖 혼탁함을 다 받아들인 강물이 자정작용을 거쳐 맑은 물

이 되어 우리에게 길을 가르치고 있다. -『레테의 강』에서

그가 건넌 레테의 강은 다시는 바라보기조차 싫은 강이다. 그동안의 수필을 모두 종이배로 접어 띄워 보내고 절필의 길로 들어섰던 아픔. 지금은 그 종이배가 대해에 도달했을 것으로 추측하면서도 지난 삶이 절름거리는 장애였음을 그는 잘 안다. 이제 다시 제자리로 돌아와 한 가지 소망이 있다면 혼탁한 강물이 자정작용을 거쳐 맑은 물이 되었으면 하는 바람이다.

임윤교의 지난 삶을 살펴보았으니 이제는 그의 수필에 대한 인식을 알아보기 위해「수필산방」에 들러본다. 독자를 맞이하기 위해 그의 산방 차림표에는 '살랑거리는 바람', '평온한 초록', "물들어가는 나뭇잎', '작은 꽃', '솔바람소리', '별빛', '반딧불이', '깨진 사금파리'와 같은 어휘들이 동원되어 있다. 산방 지킴이는 이외에도 주인이 심혈을 기울여 만든 '아름다운 슬픔', '내면의 자아', '절대 고독', '성찰의 시간', '생명체의 진화', '쇠락의 의미'와 같은 것이 있다고 귀띔한다. 주인의 취향이 자연 친화적이면서도 그것에 자신의 삶을 밀어 넣어 해석해냄으로써 자신의 존재를 확실히 하고 있음을 쉽게 읽을 수 있는 대목이다. 즉 임윤교의 수필은 글감에 대한 깊은 사려와 상상적 체험을 통해 본질을 만나고 있다 하겠다. 어느 수필 하나 '낯설게 보기'를 등한시한 것이 없다.

수필이 작가의 고백문학이라 하여 작가의 체험을 그대로 줄글로 기록한, 현상의 기록이 아니라 반드시 본질을 찾아 형상화하는 문학이라는 데에서 이탈하지 않는다. 이것이 임윤교가 가지고 있는 수필문학의 문법이다. 그러나 이런 과정의 이행은 그리 만만하지 않다. 본질 찾기는 밤송이 속에서 알밤을 발라내는 어려움과 흡사하다. 발끝으로 이리저리 굴려가며 껍질을 벗겨야 한다. 서슬이 퍼런 가시는 언제나 날카롭다. 작가는 그 모습이 화풀이하는 자신의 앵돌아앉은 모습과 너무도 흡사하다는 것을 깨닫는다. 세상을 향해 가시를 세우고 있는 인간의 모습과 만난다. 결국 문학은 사람의 이야기를 해야 한다는 전제를 충실히 지키고 있음을 본다. 철저히 '낯설게 보기(해석)'에 의한 수필 쓰기의 풀무질이다.

정물情物처럼 고요히 정경들을 관조하고 때로는 세찬 솔바람소리를 들으며 마음에 녹아드는 글을 쓰고 싶다. 무엇을 어떻게 쓸 것이며 사물을 어떤 시선으로 볼 것인가 고민하면서 기다려 볼 테다. 보리대궁이로 촘촘히 여치 집 엮듯 가슴에 움트는 문자들의 발아를 순순히 형상화시켜 보고 싶은 것이다. 바위 틈새와 외진 숲정이에서 도토리를 줍듯 글감을 구하고 겨울을 채비하는 다람쥐마냥 쟁여두고 틈틈이 기억을 소환해 본다면 좋을 듯싶다.

지열로 아지랑이 아른거리면 어지럼증 같은 꽃멀미를 하게 될 것 같다. 아름다워서 슬픈, 슬퍼서 더 간절한 인생사를 껴안으며 도처에 꿈틀거리는 생명체의 진화를 지켜보고 싶다. 살아있음을 겸손해하며 설렘으로 다가오

는 일상들을 감사로 맞을 것이다. -「수필산방」에서

　글감이 함유하고 있는 본질을 찾는데 조급하지 않다. 비록 과작이라 해도 충분히 마음에 녹아드는 글을 쓰고 싶다고 설파한다. 절대 조급하지 않고 제대로 잘 익기를 기다리고 있겠다는 자세는 진지함에 뿌리를 내리고 있음을 본다. 작가만의 시각으로 다른 이가 감히 찾아내지 못하는 글감을 찾아나서는 태도는 타의 귀감이다. 아름다워서 슬픈, 슬퍼서 더 간절한 인생사를 껴안는 사랑은 좋은 글을 얻기 위한 첫 번째 관문이다.

3. 어둠을 헤쳐 나간 끝없는 눈물방울의 영롱한 빛

　작가 임윤교의 수필에는 잔잔히 흐르고 있는 하나의 개념이 있다. 작가가 가치를 주고 있는 삶은 역시 역경을 이겨낸 삶이다. 무엇인지 정확히 알지는 못해도 채워지지 않은 현실이 채워지기를 기다리며 사는 것이 우리의 삶이다. 비워져 있는 공간의 아쉬움이 오히려 채워짐을 더 값지게 한다. 조금은 시장기와 같은 것, 그것은 그리움과 연을 대고 있다. 기다림에서 얻어지는 가치는 보배로운 것이다. 그 시간이 아픔의 연속이라면 더 가치가 있다. 이런 사고를 가졌기에 작가의 눈에는 '진주'가 선명한 이미지로 다가온다. 입수관으로 들어온 정체불명의 유기물과 맞닥뜨린 조개는 시련과 조우한다. 유기물을 에워싸기 위해 여러 차례 단백질을 분비하면 그것이 진주로 바뀐다. 불순하게 찾아든 유기물이 진주의 핵이 되는 셈이다.

　이같이 끝없는 생명보전의 격렬한 몸부림이 작가에게는 가치 있는 일이다. 작가에게 있어서 진주는 눈물방울이고, 면벽 수도승과 닮았다고 인식한다. 그래서 작가는 쓸쓸해 보이는 여인이나 절망에 우는 여인이 이 진주를 소유하길 소망한다. 또 원숙한 여인이 가까이 해도 어울릴 것으로 단정하는 것은 인품의 깊이와 진주의 격조가 상통할 것으로 보기 때문이다.

　탐욕스러운 여인과 의절하고 살기를 원하는 것은 탐심과 욕망과는 거리가 멀음을 강조한 말이다. 땀의 계단을 밟아본 사람, 쓰러졌다가 다시 일어서는 사람, 질곡의 터널을 빠져 나온 사람들만이 가까이 할 수 있다고 보는 것, 역시 역경을 이겨내고, 고통을 참아낸 결정체가 바로 진주이기 때문이다. 작가 임윤교는 인내하는 삶이 나름 가치 있는 삶이라고 인식한다. 그래서 작가는 '내 눈물 한 방울 보탠 그의 이름은 진주眞珠다.'고 단정하며 글을 마무리한다.

　나는 과정이라는 통과의례를 높이 사고 싶다. 결과만을 놓고 판단하는 이 시대의 오류를 지적하고 싶다. 땀의 계단을 밟아본 자가 삶의 진면목을 지닌 자다. 한낱 풀잎처럼 미미하나 쓰러졌다가 다시 일어서는 사람들. 그들이 시간의 수레바퀴를 돌리는 주역이다.

　미완에서 완성으로 가는 길은 왜 고통을 수반하는지, 세상에서 빛나는 것들은 왜 질곡의 터널을 빠져 나와야 하는지 이제 조금 알 것 같다. 굴절된 삶의 중심에 내가 있었고, 변명의 여지인 과정이 없진 않다. 슬픔 속에 가라앉았다가도 이따금 냉소를 짓는다. 기어이 해내고 살아냈다는 안도감과 동시에 쓸쓸한 허탈감이 교차되는 까닭이다. 이 모든 과정을 나는 찬란한 슬픔이라 명명해 본다.

- 「눈물방울」에서

인내하는 삶에 대한 애정은 여기저기에서 빛을 발한다. 그 중에서도 숲길을 선택해서 걷는 과정에 빗댄 글이 있다. 숲길은 넓고 훤한 길과 좁고 어두운 길이 있다. 작가의 의도가 저절로 드러난다. 넓고 훤한 길은 순탄한 삶이고, 좁고 어두운 길은 역경의 삶이 뻔하다. 작가가 조급하여 독자들을 인도하는 문장이 여러 번 나오는 것이 흠이지만, ('인간관계도 마찬가지다.', '숲의 어둠은 삶의 색채와 다르지 않다.', '삶의 여정도 마찬가지다.', '우리는 인생이라는 길을 걸어가고 있다.', '지나온 인생길을 돌아본다.') 전편에 걸쳐 의도함은 역경을 이겨내는 삶이다. 작가 스스로 가지고 있는 가치는 '인내의 삶'이기 때문이다.

두 길 중에 좁고 어두운 길을 선택하는 것은 작가 임윤교에 있어서는 당연하다. 그의 정체성이기도 하니까. 그 어둡고 좁은 길에는 온갖 고통이 따른다. 공포가 엄습하고 숲의 위세에 짓눌린다. 아무런 감흥도 일어나지 않고 오로지 자연 앞에 작아지는 인간. 이 현실에서 벗어나고 싶다. 그러나 들면 들수록 어둡다. 두려움이 밀려온다. 바로 사람살이다. 탈출구는 보이지 않고, 뒤돌아가자니 너무 멀리 왔다. 이상과 현실이 부딪치는 소리가 난다. 삶과 죽음, 사랑과 미움, 빛과 어둠이 대립하며 부딪친다.

하지만 이 「숲」에서 작가는 하잘것없는 낙엽이 썩어 거름이 되고 숲을 키운다는 사실을 깨닫는다. 삶의 가치는 대단한 것에서 비롯하지 않고 아주 하찮은 것에서 출발함도 알게 된다. 자신이 너무 사치스러웠음에 부끄럽다. 다시 숲을 헤쳐 나간다. 숲 어딘가에는 이 시름을 잠재울 향기의 근원이 있으리라 확신하면서 한 발 한 발 띄워 놓는다.

조금씩 사위가 밝아지면서 향긋한 냄새가 실려 온다. 눈앞에 예쁜 산새가 포로롱 지나갔다. 내 눈은 새를 놓칠세라 바로 뒤쫓아 긴다. 높은 나무 위로 날아오른다. 그때 눈부신 광채가 시야에 어른거린다. 눈이 부셔 감았다 다시 뜨고 본다. 큰 나무에 희디흰 꽃들이 폭포수처럼 쏟아져 내릴 듯 피어 있는 것이 아닌가. 경이롭다. 순간 뿌듯한 희열로 가슴이 벅차오른다. - 「숲」에서

역경을 이겨내고 도달한 곳엔 밝음이 있고, 향기가 있다. 넓고 푸른 초원이 기다리고 있는 것이다. 이젠 안도하고 꽃그늘 아래서 그 동안의 시름을 풀어 본다. 햇살은 뜨겁게 초원을 비추고 세상은 찬란하기 그지없다. 낯선 숲속을 헤매다가 나온 것처럼 역경을 이겨낸

삶은 무한의 가치가 있다.

　작가 임윤교를 가로지르고 있는 삶의 태도는 역경 속에서도 최선을 다하는 것이다. 자신이 처한 현실에 현명하게 대처하고, 거기에 온 힘을 모아 최선을 기울인다. 그러기에 제 몸에 침입한 불순물을 에워싸기 위해 온 힘을 다 쏟는 진주가 작가에겐 가장 소중한 보석이 되는 것이다. 또 산행을 해도 순탄한 길을 선택하는 것보다 좁고 어두운 길을 택해 헤쳐 나가는 것을 좋아한다. 이 모두는 작가 임윤교가 어느 것에 가장 가치를 두고 있는지를 쉽게 짐작하게 한다. 역경을 이기고 인내하여 목표점에 도달하는 자는 멋지게 존재할 가치가 있다.

4. 끝없이 움켜쥔 꿈과의 자연스런 조화

　작가 임윤교에 있어 으뜸 과제는 역경을 이겨내는 인내라고 지적하였다. 이 화두는 작품의 전편에 걸쳐 나타난다. 이러한 삶의 가치 설정에는 작가가 살아온 삶의 질이 크게 좌우했으리라 믿는다. 자신이 선택한 길이 순탄하고 넓고 훤한 길로 알았는데 실상 눈앞에 펼쳐진 모습은 절망에 가까운 것일 때 많이 좌절도 하고 포기도 만지작거리게 될 것이다. 하지만 작가 임윤교는 이 상황을 극복해 내기 위해 인내를 뽑아든다.

　그토록 어려운 역경이었는데도 인내를 잡아드는 데에 힘이 되어준 것이 있다. 첫째는 꿈이었고, 둘째는 조화였다. 이것들이 질곡의 삶에 원천적 힘이 되었던 것이다. 그는 아무리 어려운 역경이 도래해도 그것에서 벗어나는 꿈을 준비하고 있다. 그가 긴 세월의 습작 노트를 레테의 강에 띄워 보내고도 다시 집필에 임할 수 있었던 것, 역시 미래에 대한 꿈이 살아 있었기 때문이다. 그는 죽음 앞에서도 연분홍 꿈을 꾼다. 자신 안에서 죽음이 찾아오고 있다고 믿고 있으면서도 분홍의 모시한복을 꿈꾸며 마련한다.

「모시옷 이야기」는 두 달간 하혈하던 작가가 특진을 받고 결과를 기다리는데서 시작한다. 주위에서는 별일 아닐 거라며 위로하지만 정작 본인은 불안하다. 왠지 모를 죽음의 그림자가 찾아올 것 같은 불안감에 싸이게 된다. 그 순간 작가는 분홍색 모시 한 필을 끊어다가 한복집에 맡긴다. 한복이 완성되기를 기다리는 마음과 검사 결과를 기다리는 마음이 한결같이 똑같다고 생각한다. 문득 왜 하필이면 분홍색 천을 골랐을까 곰곰이 생각하게 된다. 아무리 봐도 이는 죽음에 앞서 최선의 나들이용이었고, 마음껏 살아보지 못한 자신에 대한 최고의 선물이었던 것이다.

연분홍 모시 한복을 차려입고, 레이스 달린 양산을 쓰고, 튤립 모양의 장식물이 달랑거리는 외출. 이는 죽음 앞에서 처절하게 갈망하는 삶의 욕구였을 뿐만 아니라 살고자 하는 작가의 꿈이었다. 그래서 작가의 한복 나들이는 눈이 부신 것이다. 초록의 나뭇잎이 춤을 추는데, 나만 소실되어 사라져야 한다는 상황에서도 그는 꿈을 놓지 않는다. 그래서 서서히 세상과 작별 인사를 준비하면서도 생에 대한 꿈은 움켜쥘 수 있었다.

 세월이 흐른 뒤 분홍색 모시한복은 탈색이 되어 희끄무레하게 변했다. 그 색깔이 수의로서는 적격이었지만 왠지 추레하다는 생각이 떠나지 않았다. 전처럼 입고 싶지 않았다. 무엇보다 흰옷이 주는 부담감이 은근히 작용했다. 염색을 잘하는 아래 동서가 물들여 주겠다는 제의를 했다. 안 그래도 심중에는 산뜻한 색깔을 입어보고 싶다는 생각이 스멀거리고 있었다. 이참에 죽음과 관련된 기억을 아예 떨쳐 내버리고 싶었다. 허여스름한 모시치마를 접어 보자기에 싸맸다. 죽음의 공포도 꽁꽁 동여매어 같이 보냈다.

 수일 후 보자기가 돌아왔다. 보라색 맥문동 꽃이 치마에 피어 넘쳐났다. 젊은 날은 분홍색을 좋아했지만 지금의 보랏빛도 괜찮아 보였다. 저고리와 같이 입고서 거울 앞에 섰다. 색채에서 원숙한 느낌이 풍겨났다. 걸음걸이와 말씨며 태도까지 달라져야 할 것 같은 생각이 들었다. 보라색깔이 바랜다면 그때엔 어떤 생각을 하게 될까. 큰일을 맞닥뜨리더라도 보랏빛깔이 주었던 안정감으로 인해 흔들리지 않았으면 좋겠다. 생에 대한 관념도 달라지고 죽음을 끌어안을 만큼 변모해 있어야 할 텐데.

 하지가 지났다. 모시옷을 꺼내 손질을 해야겠다. -「모시옷 이야기」에서

 여인들의 연령을 해학적으로 표현하기 위해 색채어로 대신하기도 한다. 이십 이전의 여인은 '연달래', 이십을 넘긴 여인은 '진달래', 사십대 여인은 '란'에 얹어서 표현한 것, 역시 해학이다. 이외에도

'청상과부'나 '까막과부'도 같은 맥락에서 나온 말이라 이해해도 좋을 것이다. 이와 같이 여인들에게 붙여지는 색채어는 특별한 의미를 가지게 된다.

작가 임윤교의 색채어 역시 같은 차원에서 이해할 수 있다. 임윤교에 있어서 흰색과 검정색의 무채색은 죽음, 절망으로 간주되었고, 연분홍과 초록의 유채색은 설렘과 즐거움과 꿈과 같은 긍정적인 요소를 함유한다.

이 글에서 보듯 분홍색 초록색과 같은 유채색은 젊음 · 희망 · 꿈 등을 상징하고, 흰색 검정색과 같은 무채색은 죽음과 연결되어 있다. 나이가 연분홍(연달래)에서 보라색(란)으로 오면 걸음걸이도 조신해지고 말씨와 태도까지도 가다듬는 원숙미를 갖추게 되고 안정감 있는 생을 꾸리게 된다. 이는 꿈이 있었기에 가능한 것이다.

「해오름의 강가」는 가톨릭 국악 명상곡이다. 이 곡은 가야금 바이올린 피아노가 함께 어우러진 연주곡이다. 국악기와 서양의 악기가 함께 어우러짐은 조화를 위한 배려이다. 성질을 달리하는 악기가 협연하는 것만 해도 조화의 미가 보인다. 그리고 여러 악기가 협연하는 경우에는 멤버마다 자기의 색깔을 가지고 나타난다. 그러나 이들은 제 개성을 고집하지 않고, 곡의 완성도만을 추구한다.

그래서 이 곡을 듣고 있으면 슬픔에 젖어 있다가도 미소가 번지고, 서글픔에 싸여 있다가도 신명이 난다. 섬세하면서도 웅장하고 애잔하면서도 깊이가 있는 곡이다. 특히 작가가 이 곡을 좋아하는 이유도 조화로움 때문이다. 단조롭게 하나의 악기로 연주했다면 감흥도 적었겠지만, 동서양 악기의 어우러짐이 있어 더욱 의미심장하다. 작가에게 있어서 음악은 깊은 성찰과 기도로 영혼을 닦아주기에 아침에 듣는 이 연주곡은 특별함을 마련한다.

세상은 조화로움 속에 성장 발전한다. 해오름의 강가를 좋아하는 이유도 조화로움 때문이다. 동·서양 악기의 어우러짐이 좋다. 단조로운 하나의 악기로 연주했다면 감흥은 작았을 것이다.…〈중략〉…귓전에 맴도는 음률들이 기도의 말들이 되어 힘을 실어 주고 있다. 참으로 곡조 있는 기도가 찬양성가인 것을 새삼 깨닫는다.

해오름의 강가에는 청정한 아침 햇살이 물안개를 밀어내고 있다. 긴 휴식에서 깨어나 몸을 움직여 다시 하루를 연다. 어제 꿈꾸었던 미래가 오늘이기에 열심히 살아갈 것이다. 강기슭에 매어둔 작은 배를 타고 호젓이 시간을 노 저어 간다.

-「해 오름의 강가」에서

이와 같이 사그라지지 않는 꿈이 있었기에 작가 임윤교는 존재할 수 있었고, 세상을 공평하게 바라보고 대처할 수 있는 보편적 시각을 유지할 수 있었다. 세상만사를 조화롭게 받아들이는 지혜가 있었기에 수필인으로서 임윤교가 가능하고, 수필문학에 하나의 돌을 얹을 수 있는 것이다.

5. 꿈틀거리는 화석과 대물림하는 가족애

자신의 뿌리에 대해 생각해 보지 않은 사람이 있을까. 이런 생각은 계획하여 이루어지지 않고, 어느 날 갑자기 우리에게 달려들 듯 찾아온다. 작가 임윤교 역시 동생과 시내로 향하던 차속에서 느닷없이 부딪친다. 방향을 돌려 찾아간 고향은 그리 멀지 않다. 그런데도 그동안 자주 오지 못했다. 다른 길로 왔는데도 자연스레 찾아온 곳이 고향이다.

어릴 적 고향을 떠나 방학 때 친척집에 다녀간 것이 고작인데, 접하는 물상들이 모두 낯설지 않다. 잿빛 기왓장, 교회당, 과수원 가던 길, 밥 짓는 연기, 은행나무, 공동우물, 점방 등 어느 마을에서나 볼 수 있는 것들이다. 소떼 몰던 부스럼딱지 소년의 모습이 어른거리며 마을 안길로 인도한다.

어스름한 시각이라서인지 빈집이 괴물처럼 다가온다. 폐허가 된 옛 집터가 을씨년스럽다. 아픈 추억이 되살아난다. 방문고리의 돼지나발, 침 흘리던 동생, 연못의 물방개, 사금파리 조각, 거머리, 금계랍 묻힌 엄마의 젖꼭지, 뱀독 빼던 아저씨, 가죽나무의 고약한 냄새, 옹달샘의 꽃창포, 담쟁이넝쿨…. 상념 속에서 끄집어낸 것, 그것은 고향이란 조상들이 태어나고 묻힌 곳이니, 탄생과 죽음의 영원한 귀착지라는 것이다.

상념은 확대한다. 역사와 가치를 모르는 체 놀이터로 알고 있던 삼한시대의 고분군, 고향의 고분군에는 비록 영화는 사라지고 역사의 숨결만 가느다랗게 남아 있지만 그들의 얼이 화석처럼 각인되어 있음을 본다. 화석은 반드시 돌로 변한 것만이 아니고 고생물의 발자국, 몸 자국, 배설물 등과 그 흔적 모두를 지칭함을 깨닫는다. 순간 작가 임윤교는 자신의 몸 속에 화석화하여 숨 쉬고 있는 조상의 얼을 감지한다. 고조부께서 지은 '조문팔경' 시문이 생생하다. '금성추엽金城秋葉', '토산춘화土山春花', '문천창수汶天漲水', '매파고탑梅坡孤塔', '죽리황릉荒竹里陵', '봉대조양鳳臺朝陽', '우산낙휘牛山落暉', '동강제월桐崗霽月'. 소제목을 떠올리며 자신에게 이어져 있는 조상의 생각에 기꺼운 마음이 드는 것이다.

대물림이라는 말이 있다. 성정과 생각과 표현이 닮았고 피가 이어져 왔으니 나는 그 어른의 살아있는 화석이 아닐는지. 사람의 특성이 한 개체에서 끝나는 것이 아니라 후대에 명징하게 드러나는 것이 놀라울 뿐이다.

조상의 발길이 닿은 주변 8경을 직접 답사해 보려고 마음먹었다. 시공을 뛰어넘어 이루어지는 온갖 교감들을 화답의 의미로 적어 볼 것이다. 내 글을 후대의 뒷사람들이 무어라 말할지는 모를 일이다. 다만 내 글이 그 어른께 누가 되지 않았으면 한다.

나의 현재와 미래를 통 털어 화석이 되어 서 있을 자리는 경상북도 의성

군 금성면 일대이다. -「살아 있는 화석」에서

　이같이 이어짐에 대한 생각은「나만의 수장고」에서도 나타나고 있다. 남들이 보면 고물에 가까운 생활용품들을 모아 보관하는 곳이 있다. 이렇다할 표식도 없이 먼지만 까무룩 하게 뒤집어쓴 것이지만 굳이 '수장고'라 칭한다. 여기에 인생의 족적을 따라 하나, 둘 생겨난 잡다한 물건들을 보관하고 있다.
　이것을 남편의 공구 창고로 옮기게 된다. 창고에는 건축 일을 하던 남편의 연장들이 즐비하다. 작가가 보기엔 내다버려도 될 법한 물건들이다. 하지만 남편은 아내의 물건이 버려야 할 것들이라고 여긴다. 서로 소중한 것이 다르다. 살아온 삶의 흔적이 다르니 어쩔 수 없다. 수평기, 먹통, 줄자. 이것은 남편의 물건이다. 이 물건을 소중히 여기는 것은 그의 삶이다. 수평기처럼 매사에 적당히 하는 것이 없다. 항상 자로 잰 듯 정확하게 살려 한다. 무엇이든 만들라치면 좌우 균형을 맞추기 위해 수평기를 들이댄다. 수평기 안에 보이는 액상의 수은 방울이 공간의 중심에 와야 손에서 내려놓는다.
　작가 역시 자신의 소장품은 애틋한 사연이 있다. 녹색접시 역시 가슴에는 애틋함이 내재해 있는 것이다. 생활고에 시달리던 엄마가 친정 동네로 다니며 팔았던 접시인 것이다. 자존심보다 자식들과 살아가야 할 삶이 우선이었을 엄마를 추억하는 매체인 것이다. 교통도 좋지 않아 머리에 이고 시골길을 헤맸을 엄마를 떠올리며 효도

한 번 제대로 하지 못한 자신을 질책한다. 접시를 닦으며 엄마를 쓰다듬는 묘한 기분에 빠진다. 또 멍에를 바라보면서 아버지를 추억한다. 마소의 목덜미나 잔등에 얹혀 있던 고루한 물건이지만 장애의 몸으로 대가족의 생계를 책임져야 했던 아버지와 너무도 닮았다. 평생 숙명처럼 멍에를 지고 사셨을 아버지를 떠올리며 자신이 가장 아버지를 닮았다고 느낀다.

나무로 제법 정교하게 다듬어진 멍에가 눈에 띈다. 마소의 목덜미나 잔등에 얹혀 있던 이런 고루한 물건들을 왜 좋아하는지 스스로에게 질문을 던진다. 멍에는 아버지의 굽은 등을 떠올리게 한다. 장애의 몸으로 대가족의 생계를 책임져야 했던 아버지. 액운 많다는 소띠여서 평생 숙명처럼 멍에를 지고 사셨는지 알 수 없다. 근엄하고 무섭기만 했던 아버지와는 거리감이 있었다. 그런 아버지를 빼닮아 데면데면하기만 했던 못난 딸이 나였다.
허깨비처럼 바람에 실려 과거에 겉돌고 있는 의식을 깨우고 싶을 때도 있다. 하지만 코뚜레와 굴레에 걸쳐 이어진 고삐처럼 뗄 수 없는 운명을 느낀다. 이가 빠진 접시들, 묵직한 수석이며 거무튀튀한 목기 등 이런 빛바랜 물건들로 기억의 편린들을 꿰맞추고 있는 것이다. -「나만의 수장고」에서

이와 같이 작가 임윤교에게는 과거가 없는 현재는 존재하지 않는다. 그가 그렇게 인식하지 않으면 안 되는 것은 그 안에는 사람살이의 땀과 아픔과 추억, 그리고 자신의 고집이 스며있기 때문이다.

6. 나가면서

지금까지 임윤교의 수필문법과 작품세계를 살펴보았다. 작가 임윤교는 사물이나 사건을 바라볼 때마다 상상적 체험을 거듭하고, 그 함유한 본질을 찾아내기 위해 무던히 노력하고 있음을 쉽게 알 수 있었다. 모든 예술의 기법이 '낯설게 하기'에서 출발한다고 볼 때, 이 작가는 발칙할 정도로 철저한 '낯설게 보기(해석)'의 과정을 거친다. 그래서 자연에서 글감이 오든 사람과 사람 사이의 이야기가 오든 언제나 해석의 과정을 충실하게 이행하고 있음을 본다.

수필의 묘미는 소소한 글감이라 해도 삶 전체로 확대하여 커다란 메시지를 전달하는 힘이 있다는 것이다. 작가 임윤교는 자연이든 인간사든 그 속에 숨어 있는 본질을 찾아내는 데에 남다른 능력이 있다. 그래서 글마다 진지하고 깊은 글맛을 전달하고 있다.

작가 임윤교에 있어 가장 관심을 가지고 살아가는 것은 삶의 질과 방법이다. 온갖 역경을 이겨내고 목적지에 도달하는 삶에 무한한 의미를 부여한다. 참고 인내하며 도달한 성취는 진주와 같은 보석이다. 이러한 삶을 견지할 수 있었던 것은 언제나 꿈을 놓지 않는 집념의 결과라고 생각한다. 그러면서도 자연과 자연은 물론 사람과 사람, 자연과 사람이 늘 슬기롭게 호응하고 조화를 이루는 것에 남다른 애정을 가지고 있다.

또 나름 혈연의 관계를 신봉한다. 역사의식으로 무장도 되어 있다. 씨족의 특성이 내게 전승된 것도 조상의 피가 내게 있기 때문이다. 조상의 얼이 화석처럼 내 몸에 살아 있음이다. 가족의 연은 살아가면서 수시로 되새김질 된다. 오래 된 생활용품을 매체로 어머니와 아버지가 작가에게 추억으로 살아난다. 이게 혈연의 끊을 수 없는 관계다.

『레테의 강』의 글감 해석에 박수를 보낸다. 이런 능력은 다음 글을 기다리게 한다. 이제 레테의 강을 다시 건너 돌아왔으니, 수필문학에 전념하길 주문하면서 다음 책을 기대해 본다.

- 강돈묵(문학평론가)

우리시대의 수필작가선 054

레테의 강

임윤교 2019

인쇄일 | 2019년 09월 20일
발행일 | 2019년 10월 01일

지은이 | 임윤교
엮은이 | 이유희
편집인 | 이숙희
발행처 | 수필세계사
인쇄처 | 포지션

출판등록 | 2011. 2. 16 (제2011-000007호)
주소 | 41958 대구광역시 중구 명륜로 23길 2
연락처 | Tel (053) 746-4321 / Fax (053) 793-8182
E-mail | essaynara@hanmail.net

값 12,000원
ISBN 979-11-85448-54-1

* 이 책의 판권은 지은이와 수필세계사에 있습니다.
  양측의 서면 동의없이는 무단 전재 및 복제를 금합니다.